TRILOGIA: Apometria e Umbanda

Jardim dos Orixás

A Trilogia Apometria e Umbanda
consiste dos livros: *Jardim dos Orixás,
Evolução no Planeta Azul e Vozes de Aruanda.*
Podem ser lidos em ordem de preferência
pessoal, pois um não é pré-requisito do outro.

TRILOGIA:
Apometria e Umbanda
RAMATÍS

Jardim dos Orixás
Norberto Peixoto

4ª edição / Porto Alegre-RS / 2024

Capa e projeto gráfico: Marco Cena
Revisão: Gaia Revisão Textual
Produção editorial: Bruna Dali e Maitê Cena
Assessoramento gráfico: André Luis Alt

Dados Internacionais de Catalogação na Publicação (CIP)

P379j   Peixoto, Norberto
          Jardim dos Orixás : trilogia : Apometria e Umbanda. / Norberto Peixoto. –
4.ed. Porto Alegre: BesouroBox, 2024.
          200 p. ; 16 x 23 cm

          ISBN: 978-85-5527-105-2
          Obra publicada com o selo Legião Publicações

          1. Religião. 2. Umbanda. 3. Espiritismo. I. Título.

                                                                                     CDU 299.6

Bibliotecária responsável Kátia Rosi Possobon CRB10/1782

Direitos de Publicação: © 2024 Edições BesouroBox Ltda.
Copyright © Norberto Peixoto, 2024

Todos os direitos desta edição reservados a
Edições BesouroBox Ltda.
Rua Brito Peixoto, 224 - CEP: 91030-400
Passo D'Areia - Porto Alegre - RS
Fone: (51) 3337.5620
www.legiaopublicacoes.com.br

Impresso no Brasil
Março de 2024

Sumário

Umbanda é de crença espírita 9

Umbanda – sua face 13

Prefácio 15

Preâmbulo de Ramatís 21

Parte 1 – Instrumentos da magia 27

• História de Tertuliano 29

• Os Artificiais, condensadores energéticos na magia negra 37

• Estímulos magnéticos transcranianos
  no atendimento apométrico 65

• Pagamento pelo benefício dos espíritos
  e o fracasso dos médiuns 75

• Relato de caso 1 91

Parte 2 – A expansão das capacidades psíquicas e as experiências extracorpóreas 99

• Aspectos psíquicos da experiência mística 101

• Sexo na exploração do plano extrafísico 117

• Correntes astrais coletivas de pensamentos parasitas 125

• Desdobramentos grupais na Apometria 143

• Assédios psíquicos entre encarnados fora do corpo físico 173

• Relato de caso 2 179

Parte 3 – Demais relatos de casos 185

• Relato de caso 3 187

• Relato de caso 4 190

• Relato de caso 5 193

Referências 197

Onde a mente é destemida e a cabeça se mantém erguida;
Onde o conhecimento é livre;
Onde o mundo não foi dividido
em fragmentos por estreitas paredes domésticas;
Onde as palavras brotam das profundezas da verdade;
Onde o esforço infatigável estende seus braços para a perfeição;
Onde o límpido regato não se embrenhou, perdido,
nas sombrias areias desérticas do hábito estagnado;
Onde a mente, guiada por Ti, avança rumo ao
pensamento e à ação sempre mais amplos;
Neste céu de liberdade, meu Pai,
permite que minha pátria desperte!

Rabindranath Tagore
(Poeta indiano / Prêmio Nobel de Literatura)

Umbanda é de crença espírita

A clareza mental do codificador do espiritismo constata-se pela precisão de sua linguagem e abordagem dos temas, demonstrando coragem e inconformismo quanto aos preconceitos e dogmas religiosos de sua época. Infelizmente o espírito kardequiano está um pouco esquecido numa grande parte dos que se dizem espíritas, uma vez que se mostram crentes fanáticos como se fossem de uma religião fundamentalista, ou seja, despreparados para exercitar o "ser espírita" preconizado por Kardec, inserido no aspecto religioso da Doutrina, contido no livro *O Evangelho segundo o espiritismo*.

Nesta que é uma das obras básicas do espiritismo, Kardec dividiu os Evangelhos em cinco partes: os atos ordinários da vida do Cristo; os milagres; as profecias; as palavras que serviram para o estabelecimento dos dogmas da Igreja; e o ensino moral. *A parte moral* foi considerada, pelos espíritos iluminados que conduziram a Codificação, de suma importância, tanto que as demais são ínfimas se comparadas em número de páginas com ela, como confirma Kardec: "Esta parte constitui o objeto exclusivo da presente obra".

Logo, podemos concluir com toda a segurança que religião, no enfoque espírita, é antes de tudo uma questão de conduta moral, que deveria se refletir no comportamento dos que adotam o espiritismo. No entanto isso não se verifica na prática, o que atribuímos ao atavismo arraigado dos homens, obviamente desvinculado da essência do que é "ser espírita". Allan Kardec nunca preconizou que o espírita verdadeiro seria este ou aquele, pois não existem falsos espíritas, o que fazia com que ele admitisse que os indivíduos permanecessem ligados às suas igrejas e templos. Para o espiritismo, por ser uma doutrina filosófica, como tanto insistiu o Codificador, não há possibilidade da existência de espíritas melhores do que outros, falsos ou verdadeiros. Constatamos um fanatismo religioso desconectado do aspecto moral da doutrina espírita, que denota instabilidade e despreparo espiritual dessas pessoas, o que não têm nada a ver com o espiritismo, muito menos com o Plano Espiritual.

Após essas constatações, sugerimos que bebamos direto da fonte de luz para clarearmos nosso raciocínio, por isso transcrevemos a seguir algumas palavras de Allan Kardec extraídas da obra *O que é o espiritismo*, de domínio público:

"A doutrina hoje ensinada pelos espíritos nada tem de novo; **seus fragmentos são encontrados na maior parte dos filósofos da Índia, do Egito e da Grécia, e se completam nos ensinos de Jesus Cristo.**"

"Sob o ponto de vista religioso, o espiritismo tem por base os verdadeiros fundamentos de todas as religiões: Deus, a alma, a imortalidade, as penas e recompensas futuras. Mas é independente de qualquer culto particular. Seu fim é provar a existência da alma aos que negam ou que disso duvidam; demonstrar que ela sobrevive ao corpo e que, após a morte, sofre as consequências do bem e do mal que haja feito durante a vida terrena – e isto é comum a todas as religiões."

"Como a crença nos espíritos é igualmente de todas as religiões, assim é de todos os p ovos, por isso que onde há homens há espíritos e, ainda, porque as manifestações são de todos os tempos, e seus relatos, sem qualquer exceção, se acham em todas as religiões. Assim, pois, pode-se ser católico, grego ou romano, protestante, judeu ou muçulmano e crer nas manifestações dos espíritos e, consequentemente, ser-se espírita. A prova está em que o espiritismo tem adeptos em todas as religiões."

"Não sendo os espíritos mais do que as almas, não é possível negar aqueles sem negar estas. Admitindo-se as almas ou espíritos, a questão se reduz à sua expressão mais simples: as almas dos que morreram podem comunicar-se conosco?"

"O espiritismo prova a afirmação com os fatos materiais. Que prova podem dar de que isto seja impossível? Se o é, nem todas as negações do mundo impedirão que o seja, porque isto não é um sistema, nem uma teoria, mas uma lei da natureza. E contra as leis da natureza é **impotente a vontade dos homens.**"

Umbanda é de crença espírita, diria Allan Kardec se estivesse encarnado entre nós? Com certeza a resposta é **sim.**

Imploramos ao Alto que os que se dizem espíritas na Terra resgatem o senso de observação de Allan Kardec, desprovido de quaisquer preconceitos. Analisem, observem, estudem e compreendam a Umbanda e, antes de qualquer coisa, respeitem-na como expressão mediúnica da Espiritualidade Superior para socorrer os necessitados do corpo e da alma.

Irmãos, vamos nos dar as mãos, independentemente de fé, crença, raça, religião, sexo e classe social. Vamos amar uns aos outros, como Cristo nos ensinou.

Norberto Peixoto

Umbanda – sua face

1. A Umbanda crê num Ser Supremo, o Deus único criador de todas as religiões monoteístas. Os sete Orixás são emanações da Divindade, como todos os seres criados.

2. O propósito maior dos seres criados é a Evolução, o progresso rumo à Luz Divina. Isso se dá através das vidas sucessivas – a Lei da Reencarnação, o caminho do aperfeiçoamento.

3. Existe uma Lei de Justiça universal que determina a cada um colher o fruto de suas ações, que é conhecida como Lei do Carma.

4. A Umbanda é regida pela Lei da Fraternidade Universal: todos os seres são irmãos por terem a mesma origem, e a cada um devemos fazer o que gostaríamos que a nós fosse feito.

5. A Umbanda possui uma identidade própria e não se confunde com outras religiões ou cultos, embora a todos respeite fraternalmente, partilhando alguns princípios com muitos deles.*

---

* Umbanda e catolicismo são diversos, apesar do sincretismo, que teve raízes históricas. Umbanda e espiritismo são diversos, embora ensinem as mesmas Grandes Leis milenares da Evolução, do Carma e da Reencarnação. Umbanda e candomblé são diversos, embora ambos realizem o intercâmbio com os Planos Invisíveis.

6. A Umbanda está a serviço da Lei Divina e só visa ao Bem. Qualquer ação que não respeite o livre-arbítrio das criaturas, que implique em malefício ou prejuízo de alguém, ou se utilize de magia negativa, não é Umbanda.

7. A Umbanda não realiza em qualquer hipótese o sacrifício ritualístico de animais, nem utiliza quaisquer elementos destes em ritos, oferendas ou trabalhos.

8. A Umbanda não preconiza a colocação de despachos ou oferendas em esquinas urbanas, e sua reverência às Forças da Natureza implica em preservação e respeito a todos os ambientes naturais da Terra.

9. Todo o serviço da Umbanda é de caridade, jamais cobrando ou aceitando retribuição de qualquer espécie por atendimentos, consultas ou trabalhos. Quem cobra por serviço espiritual não é umbandista.

Um espírito amigo

Prefácio

É com grande emoção neste coração de defunto, que bate igualzinho a quando estávamos na Terra, que transmitimos daqui estas linhas sinuosas por nossas imperfeições, possibilitadas pela recepção mediúnica do escrevente em carne e osso, que já se habituou às nossas vibrações e nos abre a janela da casa mental para colocarmos nosso quinhão de ideias.

Raramente nos manifestamos pela incorporação aos consulentes da Umbanda, por isso somos um tanto desconhecidos nos terreiros. Mesmo assim, vamos dar a nossa opinião de galho torto, mas que oferta brisa fresca embaixo da árvore que o sustenta com tronco firme.

É bom que vocês tenham ciência de que este Preto Velho não é um reumático de coluna vertebral curvada, não fala errado e sabe ler. Quando assim nos manifestamos durante as consultas, é para chegarmos aos espíritos dos simples, que se inibem diante da superioridade dos "santos" do outro mundo, "sábios" de palavras rebuscadas e arranjos verborrágicos. Mas não se equivoquem: se chega um doutor erudito, sabemos muito bem buscar o palavreado para nos comunicarmos.

Não sendo do nosso labor a psicografia, submetemo-nos a um período de adaptação e aprendizado para conseguir adaptar nossas vibrações às vibrações do aparelho que nos emprestaria o psiquismo para conseguirmos nos expressar pela escrita. Enganam-se aqueles que estão desse lado da vida vestidos com os paletós de carne e osso se pensam que tudo é fácil para os espíritos despidos desses envoltórios do lado de cá.

Quando o Caboclo Atlante – assim chamamos carinhosamente Ramatís no Astral da Umbanda – nos propôs prefaciarmos esta obra, comprometemo-nos, conforme sua programação, a um período de treinamento em um determinado centro espírita, de pendor universalista, local onde nos ensinariam a psicografar. Ao mesmo tempo, espreitaríamos o instrumento escrevente que oportunamente receberia o nosso prefácio em sua residência, local onde por hábito, em horários e dias fixos, ele se dedica a essa tarefa.

Para nossa surpresa, nosso maior desafio não foram os meandros técnicos que envolvem os chacras, o corpo etéreo e o corpo astral de tessitura delicada das aparelhagens mediúnicas, sensibilizadas antes de reencarnar para serem instrumentos da semeadura do Cristo, no imenso campo da caridade. Infelizmente, tivemos enormes dificuldades de ser aceitos na roupagem fluídica, ou perispirítica, de Preto Velho. Talvez pelo nosso modo jeitoso, maneiro e gingado de compositor de roda de samba, calejado nas dores cotidianas das almas humanas, entre danças, cantos e sons sincopados, que animavam, desoprimindo, os negros moradores dos antigos morros cariocas, nas cercanias dos boêmios Arcos da Lapa do século passado.

Os nossos inconscientes ressoam como cornetas enviando impulsos atávicos para o consciente. Observamos que no grupo de estudantes que estávamos frequentando na crosta, todos brancos, alfabetizados e cultos, de classe média alta, a maioria de pais católicos e sem problemas financeiros, manifestava, inconscientemente, as disposições ocultas mais profundas de seres comprometidos no passado com os excessos da segregação contra as minorias étnicas e religiosas, que predominaram durante séculos de colonialismo. Víamos a egrégora plúmbea formada pelo pensamento grupal como se fosse um potente campo de força defensivo, uma muralha intransponível. Compreendemos, isentos de críticas, a necessidade de mudança da nossa aparência espiritual. Tivemos que alterar nossa estrutura molecular astralina, adaptando-a para a imagem e as vibrações correspondentes às de médico norte-americano expatriado da Inglaterra, referente a nossa encarnação nos idos da época escravagista desse portentoso Estados Unidos de hoje. Lógico que, em essência, continuávamos o mesmo espírito.

Contudo, nessa forma de médico anglo-saxão, os medianeiros nos "receberam" nas aulas da escola de médiuns do centro escolhido, liberando-nos do enérgico campo de força mental que nos repelia. Muito aprendemos com essa experiência inesperada. Afinal, nós mesmos perseguimos os "crioulos" na América do Norte colonial, sendo que, para o clero "cristão" que seguíamos à época, era como se eles não tivessem alma, assim como os índios "devassos e pecaminosos", podendo ser escravizados e assassinados livremente, porque estaríamos prestando aos céus um serviço de aniquilação dos "filhos do demônio".

Isso feito, os obstáculos transpostos, igual à cabra que não escorrega nas escarpas montanhosas, concluímos o treinamento. Para nosso conforto, sem que soubéssemos antes, no último dia de nosso estágio com os lápis, repentinamente Ramatís apareceu e se mostrou como Pai Benedito a um médium que estava em condições de recepcioná-lo, na intenção de dar uma mensagem psicofônica de incentivo e elevados conceitos ao grupo, sendo também rechaçado na mesa mediúnica. Logo após esse fato, aproximou-se de nós, enunciando, diretamente e sem floreios, aos demais espíritos circunstantes, como é de sua propensão natural:

"Muitos dos médiuns desta casa que se propõem à universalidade do intercâmbio mediúnico com os espíritos anseiam ardorosamente ser envolvidos pela vibração de um hindu de turbante, resplandecente de luz róseo-dourada, como se o Universo fosse finalizado nesse símbolo do Oriente. Todavia, nos rebatem vibratoriamente, com a força de uma raquetada de adestrado tenista em final de torneio, quando nos apresentamos como um Preto Velho mauritano da remota África. Verdadeiramente, as opiniões e os preconceitos inconscientes e intemporais dos homens, de ordem racial e de instrução intelectual, se transferem para o lado de cá. Preferem os cidadãos o formato e a cor do dispensável vidro que embala o perfume valioso à essência odorífica que genuinamente o anima e caracteriza como substância sublimada, tal como o espírito imortal".

Valemo-nos das capacidades psíquicas do sensitivo escrevente, em experiência fora do corpo físico, para completar com sucesso o que nos foi pedido. Registramos que se não fossem os sólidos laços de vidas passadas que nos unem, ancestrais, mesmo com todo o programa de treinamento elaborado por Ramatís, não conseguiríamos terminar a contento o que nos foi proposto, por um "descompasso" entre vibrações diferentes em choque na recepção mediúnica. Isso porque cada um de nós tem a sua "impressão digital cósmica", que nos identifica vibratoriamente durante as comunicações entre os diversos planos de consciência em que o espírito evolui. Dessa forma, conseguimos, sem maiores entraves, nessa reunião de folhas escritas, contar a nossa história em breve relato descritivo das tarefas como "negociador" da direita do Cristo nas organizações trevosas comandadas pela "mão esquerda" dos magos negros.

São muitos os encarnados que "descem" todas as noites para este lado da vida, fora dos corpos físicos, trôpegos, atrás dos prazeres mundanos. Durante o dia, em estado de vigília, influenciados pelas voláteis imposições morais da sociedade, os homens mantêm-se em falsas posturas, hipócritas, pois ainda não introjetadas no íntimo do ser. Represam, qual turbilhão de águas revoltas que vêm corredeira abaixo, as disposições mais profundas do espírito preso em retificação no corpo.

É difícil para nós referendar o conceito comum, amplamente aceito, de que os obsessores são os descarnados do além-túmulo, tal o ímpeto desenfreado com que os mortais da crosta obsediam os daqui, rumo às estações prazerosas das zonas subcrostais, para locupletarem-se nos gozos. Durante o sono físico das populações metropolitanas, como se as cidades fossem depósitos-dormitórios de casulos inermes dos lascivos viajores astrais, na metade do planeta em que o sol não bate, bilhões de autômatos, em hordas organizadas de auto-hipnotizados, abandonam seus envoltórios grosseiros e adentram de cabeça, como mergulhadores olímpicos, nos charcos tenebrosos, na busca louca do êxtase sensório.

Ironicamente, quando o sol os faz despertar ao nascer do novo dia, a outra metade da população terrena está adormecida, realimentando esse ciclo planetário de mergulho nas profundezas da piscina dos prazeres, como se perpetuasse festa de sabá coletiva. O movimento de rotação da Terra faz com que sempre numa metade do planeta seja dia e na outra noite. Não por outro motivo, os despachos e as ofertas realizados nos escambos e nas negociatas com o submundo do plano astral são feitos após a meia-noite. Grande parte da humanidade, estando desdobrada pelo processo natural de sono físico, assume experiências extracorpóreas comandadas pelos instintos mais baixos do ser animal, ficando à mercê dos assédios das sombras, pelo próprio desmando moral que se localiza em suas entranhas. É como o encaixar preciso de peças em maquinaria que se movimenta ininterruptamente, ou maçã que é cortada ao meio, sendo uma parte devorada pelas larvas que despertam pelo estímulo da escuridão.

Já nos estendemos além da conta na elaboração deste pequeno prefácio. Registramos um pouco de nossas tarefas como "defunto" e afirmamos que também temos nossos momentos de lazer em comunidade, quando podemos locar alguns instrumentos musicais em samba cadenciado no astral, que os ouvidos da Terra ainda não conseguem escutar.

Que Oxalá abençoe todos os filhos. Que este amontoado de folhas escritas com o título de "Jardim dos Orixás" auxilie na capina interna dos inços e das ervas daninhas de cada um, mantendo o terreno que abriga o espírito, na sua evolução carnal, adubado e florido. Que as capacidades anímicas dos espíritos, acrisolados no ciclo das reencarnações, sejam motivo de expansão da consciência no caminho dos ideais superiores representados em Jesus, fazendo com que se minimize a ação dos psicólogos das sombras.

Temos cobertura dos maiorais sidéreos e dos competentes tribunais de justiça do Astral Superior, capitaneados por espíritos iluminados da Grande Fraternidade Universal que amparam o Planeta Azul na sua evolução.

Da nossa parte, este Preto Velho continuará atuando juntamente com a legião de Guias espirituais, socorristas, guardiões e sensitivos despidos dos paletós de carne.

Que a Justiça Maior se faça cada vez mais presente nas zonas sofredoras da subcrosta planetária do plano astral, onde nos movimentamos, incansavelmente, em nome do Cristo, da meia-noite até o galo cantar ao alvorecer.

Saravá aos filhos da Terra.

*Pai Quirino**

---

* Observação do médium: este espírito que se denomina Pai Quirino é um Preto Velho que atua apoiando vários médiuns desdobrados nas atividades de caridade da Umbanda e Apometria. Sua história se encontra narrada com maiores detalhes no capítulo "Correntes astrais coletivas de pensamentos parasitas".

Preâmbulo de Ramatís

Assim como vocês "descem" seguidamente ao corpo carnal, por determinação evolutiva das leis cósmicas que os impulsionam à ascensão espiritual, também muitos espíritos, por livre vontade, "mergulham" das dimensões mais rarefeitas do cosmo, de configurações que não conseguimos descrevê-las no idioma terreno, para os limites de um corpo moldado no plano astral, no intento de chegar mais próximos daqueles que são objetos do seu amor. Entendam que cada faixa vibratória de existência do espírito "veste-o" com o corpo sutil necessário ao intercâmbio com o meio ambiente que o cerca.

Na maioria das vezes, a libertação dos ciclos evolutivos não nos remete às alturas contemplativas de êxtase beatífico. Ao contrário, aumenta nossa determinação interna de auxílio aos irmãos que estão nos primeiros degraus da escada ascensional, eis que o amor é perene em nossos corações. Quem ama busca estar próximo dos que são objeto do seu amor, seja onde for no Universo imensurável.

Na sua atual estada terrena, de nada adianta o êxtase místico se vocês negligenciarem a parte material, pois há que haver equilíbrio com o meio que os abriga e que propicia o burilamento do espírito em infinito aprendizado. Contudo, lembramos que o verdadeiro iniciado nas coisas espirituais não se prende aos fenômenos que "materializam" os poderes da divindade aos olhos dos homens, pois sabe que isso exalta o ego e são empecilhos ao despertar do eu superior.

Tenham em mente que todos os deuses dos homens são aspectos peculiares da manifestação de uma divindade maior, um Deus único, onipresente e imanente. Esse Deus, por sua imanência, pode ser adorado em quaisquer formas, que assim se "exteriorizará" ao crente por sua fé, pois em tudo está, tudo é e tudo será por todo o sempre. Quando os homens entenderem que as formas são meros pontos de apoio às suas agitadas mentes para chegarem próximo à essência do Criador, amainarão as guerras, as diferenças e os sectarismos religiosos.

Almejamos contribuir com este livreto, denominado *Jardim dos Orixás*, para um maior entendimento quanto a certos instrumentos utilizados pela magia das sombras, que a Umbanda e a Apometria se ocupam em neutralizar, bem como de alguns processos e recursos de que ambas se utilizam na libertação e na cura.

A manipulação maléfica, pela magia negra, dos corpos sutis que envolvem a centelha espiritual na sua longa caminhada rumo ao Pai retarda a sua liberação no percurso desse reencontro divino. É como se cascas grosseiras fossem cristalizadas, impedindo momentaneamente a degustação do sumo da saborosa fruta celestial destinada à reinserção na unidade no Criador, sem perda da individualidade espiritual merecidamente conquistada.

Os três corpos inferiores do homem – físico, etéreo e astral – são os alvos dos ataques psíquicos das sombras, levados a efeito pelos rituais de magia negra das organizações do umbral inferior. O duplo etéreo, mediador entre os corpos físico e astral, é como se fosse um tipo de amálgama entre essas duas dimensões vibratórias, denso de energia animal não materializada, verdadeiramente uma cópia eterizada do corpo físico. Por suas emanações fluídicas, quanto mais grosseiro, tanto mais importante como condensador energético para os interesses nefastos que podem ser satisfeitos pela posse desse veículo transitório. Ele não se desintegra imediatamente no *post mortem*, após o desenlace do corpo astral, obtendo espécie de "sobrevida" quando manipulado pelas hábeis e maldosas mãos dos magos negros e suas falanges trevosas.

A Apometria, como instrumento burilador de suas capacidades psíquicas e avalizadora das experiências extracorpóreas, se fundamenta na participação ativa dos sensitivos com o plano astral. Muitos de vocês ainda não estão preparados para esse enfoque libertador. Para os homens que esperam passivamente que os espíritos santificados façam tudo por eles e não conseguem buscar Deus dentro de si sem a "bênção" de um sacerdote, padre, pastor, venerável mestre, chefe de terreiro ou exímio doutrinador, inseridos e dependentes de templos, igrejas, lojas, terreiros ou centros materializados na Terra, para se religarem com o Pai, é por demais "ousada" a proposta universalista da Apometria. Na sua busca ativa de socorro às criaturas, reativa a potencialidade cósmica de cada uma, como se fossem iogues do Terceiro Milênio, de mãos dadas, trabalhando em prol do despertamento do Cristo interno de cada pessoa, acima das nomenclaturas, divisões e veleidades humanas.

Devido a essa postura ativa habitual, gradativamente o nível de consciência coletivo irá se ampliando, cada vez mais se tornando perceptível a vocês, que, em grande parte, o arrazoado costumeiro dos intelectuais eruditos, ao tratarem das coisas espirituais, não é acompanhado da experiência mística interna. Sendo assim, discernirão como se estabelecem as inseguranças pessoais e as instabilidades nessas almas, que precisam se amparar atrás das opiniões concludentes e dogmáticas das doutrinas exclusivistas. Suas mentes, acostumadas às observações exteriores, não têm referência própria no vasto campo interior do psiquismo. Vulgarmente, são aqueles seres que nunca sentiram um "arrepio" dos espíritos do lado de cá, mas estão a dar palestras ou a dirigir agrupamentos mediúnicos. Não que "sentir" os espíritos desencarnados seja pré-requisito essencial para essas tarefas elevadas, pois em muitos homens sem interesse pessoal se instala a intuição superior, que é de inestimável valor iluminativo.

Todavia, no fundo da alma de muitos cidadãos, não importam as percepções extrafísicas e os arroubos intuitivos da espiritualidade, pois sentem-se superiores, numa posição de falsa modéstia, crendo que tudo sabem do Além por seu intelectualismo exacerbado. Preferem, no lugar das cansativas, solitárias e silenciosas experiências psíquicas internas, as ruidosas aparências externas acompanhadas por plateias atentas, estimuladoras do reconhecimento elogioso que atiça vaidades dissimuladas, quando não fornecem consulentes para seus consultórios improvisados regiamente remunerados.

A expansão da consciência não dá saltos. O inconsciente milenar confunde os comportamentos de vocês, prejudicando, muitas vezes, seu discernimento. Como num *iceberg* cuja maior parcela está oculta pelo oceano, a parte visível desse bloco de gelo é sua consciência atual, e a gigantesca porção submersa é seu inconsciente, afundado nas experiências contraditórias e imorais do passado remoto. Com regularidade, acontece de esse *iceberg* enorme mover-se na direção contrária à do vento consciencial da superfície, uma vez que as profundas correntes marítimas da mente espiritual oceânica são mais fortes e o levam atavicamente em outra direção.

Por trás da realidade que se expressa no universo de seus sentidos, há uma unidade subjacente que lhes tange qual *iceberg* submerso no oceano cósmico, incentivando suas potencialidades divinas ainda latentes. O conjunto da vida e das formas não passa de pequenas expressões de uma realidade maior, que não está ligada diretamente com nenhuma das religiões, filosofias ou doutrinas da Terra, e sim com todas ao mesmo tempo, pela fragmentação transitória desse Todo: "Tendo criado o Universo com um fragmento de Mim mesmo, Eu permaneço indiviso", afirma a deidade no *Bhagavad Gita*.

O presente livro almeja demonstrar a justiça das leis cósmicas, em que a semeadura é livre, mas a colheita é obrigatória no terreno do espírito, que deve ser arduamente arado para o embelezamento do jardim da vida imortal. O ciclo das reencarnações entre o plano físico e o astral é abençoado educandário das consciências, em que a Umbanda conforta e instrui com sua simplicidade e sabedoria milenar, trazendo as curas e o alento por intermédio da magia dos Orixás nos grupos de Apometria – como no relato de casos reais atendidos. Enfim, nas ativas experiências extracorpóreas, a evolução das capacidades psíquicas dos sensitivos é propiciada pela aplicação dos procedimentos apométricos nas atividades de socorro.

Entretanto, a tendência dos homens, pelo esforço de estudo e pela aplicação contínua nos trabalhos que lidam com os planos ocultos, que por sua vez exigem muita concentração e disciplina, é de aos poucos irem sentindo-se superiores aos demais mortais. A inflação do ego significa que muito em breve o desajuste espiritual se instalará, pelo crescimento da erva daninha do menosprezo arrogante aos irmãos de outras sendas não tão esclarecidos. Combatei suas recônditas disposições de superioridade intelectual com a humildade para servir, seguindo o exemplo de Jesus, Francisco de Assis, Mahatma Gandhi, Zélio Fernandino de Moraes, Francisco Cândido Xavier, entre tantos outros iluminados.

Rogamos a Oxalá que, embora nada haja de novo ou que se acrescente aos compêndios disponíveis, os conhecimentos contidos neste humilde livreto não aumentem o distanciamento intelectual e o desdém que muitos eruditos das coisas espiritualistas alimentam pelas massas ignorantes. Que o Cristo interno desperte em vocês, superando os automatismos da alma milenar em prol da união, do altruísmo e da fraternidade, que estão acima de todas as diferenças e reforçam a igualdade do sentimento amoroso sem preocupação de credo, raça, cor ou condição econômica, tão comum na sociedade e no inconsciente coletivo.

Porto Alegre, 6 de janeiro de 2004.

Ramatís

Parte 1
Instrumentos da magia

História de Tertuliano

Tertuliano nasceu em família pobre, de pequenos agricultores. Desde pequeno apresentou espírito refratário ao meio que o abrigou. Fazendo parte de uma prole extensa, nunca foi de dividir com os onze irmãos quaisquer utensílios, brinquedos ou tarefas.

Tendo que acordar de madrugada desde garoto para trabalhar na roça, cada vez que era sacudido pelo pai – homem austero que trazia sempre à mão a cinta ou a chibata como "bom" corretivo – revoltava-se e negava-se a sair da cama, principalmente nos dias de frio intenso do inverno sulino. Não poucas vezes o patriarca jogou-o ao chão e com uma das pernas retendo-o pela cabeça embaixo da bota o açoitava, botando-o a trabalhar com os pés descalços no campo coberto de grossa camada de orvalho matinal, congelado pelas baixas temperaturas do pampa gaúcho.

Dessa maneira ele foi crescendo, entre a rebeldia e as surras do pai, que só aumentavam sua revolta. Não aceitava ter que trabalhar daquele modo e o fato de não ser rico. Prometia para si que assim que tivesse idade sairia de casa e nunca mais voltaria.

Por volta dos 17 anos de idade, alistou-se na Aeronáutica. Tendo feito Escola de Aprendizes de Sargento, aperfeiçoou-se em treinamentos internos, chegando em alguns anos ao posto de primeiro-sargento, resolvendo seguir carreira militar. Casou-se e teve dois filhos, um casal. Por volta do nascimento do primeiro filho, deparou-se com ostensiva mediunidade aflorada, o que o levou a se interessar pelas coisas do Além. De inteligência brilhante, rapidamente absorveu todos os conhecimentos kardequianos em pequeno centro espírita. Tornou-se efetivo médium psicógrafo, receitando homeopatia, o que era habitual pelos idos de 1950.

Atormentava-o uma curiosidade inata que o deixava muito inquieto. Assim, passou a estudar magia e a se interessar pela Umbanda, o que o levou a frequentá-la concomitantemente com o trabalho espírita. Percebendo seus "dons" mediúnicos e a facilidade de intercâmbio com os Guias e Protetores, Caboclos e Pretos Velhos, seguidos de curas fenomenais para a época, começou a se envaidecer com os seguidos elogios dos consulentes. Um agrado aqui, um elogio acolá, sentia-se onipotente, indispensável. Resolveu trabalhar com reduzidas pessoas na garagem da sua residência e a receber dinheiro pelos atendimentos e pelas consultas.

Diante da necessidade de resultados e da cobrança insistente dos consulentes que pagavam e queriam o serviço feito, acabou se entregando completamente à magia negra, com sacrifícios cada vez maiores de animais, perdendo-se inteiramente no completo desrespeito às leis cósmicas, ao livre-arbítrio alheio e ao merecimento individual de cada criatura.

Há muito tempo seus Guias e Protetores haviam se afastado, não por falta de amor pelo médium, mas, sim, por completa incapacidade vibratória para aproximarem-se do dedicado aparelho de outrora, que estava chafurdado num mar de lama pútrida, nas malhas de pesada organização do umbral inferior.

Assim passaram-se os anos. Tertuliano aposentou-se das Forças Aéreas e nunca conseguiu ser rico como tanto almejava. Em completa perturbação, separado da esposa e com os filhos crescidos, o mais velho já casado, terminou seus dias sozinho, em completa demência, sem dormir e muito magro. Ficava noites seguidas como se fosse um autômato sem vontade, um robô teleguiado, sendo visto altas horas da madrugada abrindo buracos no cemitério da pequena cidade que o abrigou, ao lado da igreja, na praça principal. Tertuliano residia à frente desse templo católico, numa casa muito simples de madeira, nas cercanias da região metropolitana da Grande Porto Alegre. Para espanto geral da pequena comunidade muito beata, rolava na terra úmida perto das sepulturas, e com olhar petrificado, cortava o pescoço de um cabrito, tomando o sangue quente que vertia abundante. Poucos dias após essa cena deprimente, morreu de fulminante infarto agudo do miocárdio, sozinho, magro e desnutrido, completamente louco.

Antes de sabermos o que ocorreu com Tertuliano quando acordou do lado de lá, é oportuno identificarmos a sua encarnação anterior, em que foi um poderoso médico e rico alquimista na Espanha do século XVIII. Profundo conhecedor das ciências ocultas, utilizou ao máximo o poder alquímico para dominar e enriquecer, tendo fundado uma espécie de seita satânica, em que as longas orgias eram precedidas de rituais de magia negra com sacrifícios de belas donzelas em tenra idade. Tendo sido seu corpo astral sensibilizado para ser médium de cura nesta última encarnação, no seio da Umbanda, recaiu abruptamente em fortes condicionamentos arraigados, e num comportamento atávico, reativou a conduta de alquimista da Idade Média, esquecendo-se dos compromissos assumidos com os mestres cármicos e espíritos amorosos que o acompanhariam na caridade terrena, que por sua vez muito o auxiliariam nos resgates dos desmandos do passado.

Voltemos ao despertamento de Tertuliano, agora no plano astral. Acordou e viu-se preso num buraco enlameado, fétido e com uma legião de "homens-lobo", seres desgrenhados e raivosos do umbral inferior a lhe baterem com correntes pontiagudas de aço que dilaceravam suas carnes. Ficou assim não sabe por quanto tempo. Não tendo mais forças, se entregou num estado de torpor àquela dor dilacerante e não se espantava mais com seus ossos expostos, os músculos e nervos pendurados em pedaços como se tivesse virado animal esquartejado e exposto num matadouro, além do sangue que nunca cessava de jorrar. Num determinado instante, sentiu forte desejo sexual, quando viu se aproximar uma lânguida e sensual "mulher", mas ao olhar mais de perto, percebeu que no lugar da pele havia escamas cobertas de um tipo de musgo esverdeado pegajoso, que seus olhos eram vermelhos, as pupilas, como de felino, e as unhas, estiletes cortantes. O ente ignóbil dançava a sua frente em gestos obscenos. Aquele artificial do astral inferior que ele criou, manipulando-o muitas vezes para separar casais, hipnotizava-o e o envolvia sensualmente. Não podendo se controlar pelo intenso hipnotismo, se entregou ao conluio sexual com essa "mulher" assombrosa, que sugava suas últimas energias vitais, e sentiu que não tinha mais vontade própria, perdendo sua última gota de dignidade. Rogava a todos os demônios e lucíferes que o tirassem de tão sinistro destino.

Imediatamente, em completa prostração e fraqueza, viu-se diante de um mago negro, que vestia uma longa capa escarlate, de tórax e abdome encovados e de feitio reptílico, de aparência geral comprida e delgada, com o pescoço dilatado similar a uma cobra naja enraivecida pronta a dar a investida mortífera, que se propôs a arrebanhá-lo para suas hostes, dizendo-lhe que assim como todos eles haviam trabalhado para ele enquanto estava encarnado, agora era chegado o momento de ele retribuir sendo escravo deles. Caso não aceitasse essa situação, que ficasse a penar no buraco em que se encontrava. Concordou com a proposta, e a primeira missão que lhe deram foi atacar e destruir sua ex-esposa, o filho e a filha, como prova da sua fidelidade. Relutou, mas, por fim, cedeu, e completamente perdido de ódio por tudo e por todos, instalou-se na contraparte etérica da residência dos antigos parentes. Levou-os verdadeiramente a um inferno de Dante pelos fluidos enfermiços que exalava, que não detalharemos para o nosso relato não ficar excessivamente fúnebre.

Quando tudo parecia chegar ao fim – a companheira de décadas estava quase louca, o filho só pensava em suicídio, e a filha estava grávida de pai desconhecido –, a ex-esposa – antiga médium de Umbanda – num vislumbre de lucidez, viu-se em quadro ideoplástico clarividente, criado e inspirado por "sua" Preta Velha, um espírito protetor, que a orientou a procurar ajuda espiritual, sob pena de todos sucumbirem. Resolveu determinadamente, surpreendendo-se com suas próprias forças, procurar ajuda num Terreiro de Umbanda.

Em consulta realizada, um Caboclo denominado Ogum Sete Lanças, incorporado num médium, disse que havia um espírito familiar muito perturbado desestruturando a família. Solicitou a continuidade dos atendimentos, falou da persistência que os membros da família terão que demonstrar e, concomitantemente aos trabalhos habituais da Umbanda, encaminhou todos para uma sessão de desobsessão naquele terreiro, que era realizada na última quinta-feira de cada mês, em que eram realizados diálogos fraternos com espíritos sofredores.

Sob o comando da falange espiritual desse Caboclo, toda a organização trevosa foi retida, e Tertuliano foi esclarecido e aceitou ir para um local de correção e estudo no Astral sob a égide da Umbanda. Seus familiares encarnados tiveram novamente o bem-estar em suas vidas.

Após um longo período de aprendizado e treinamento numa escola corretiva, Tertuliano foi aprovado para trabalhar no Plano Espiritual como auxiliar numa legião entre as muitas que compõem a Umbanda. Passou a ser denominado de Bará Longo, tendo este nome que o identifica impresso no uniforme que ocupa, em vermelho, como um bordado luzente, no peito, logo acima do coração. Diz-nos que é somente um identificador do tipo de tarefa, pois muitos outros assim também são denominados, o que caracteriza a impessoalidade necessária à rígida disciplina da falange de que faz parte, que está sob as ordens do Exu Guardião Pinga-Fogo. Aceitou pelo exercício do seu arbítrio a escala de trabalho que lhe apresentaram. Hoje labuta como instrumento de combate à magia negra e aos antigos comparsas do umbral inferior, auxiliando o Guia Vovó Maria Conga, do Orixá Yorimá.

Assim, Tertuliano evolui no Astral, sob a égide da Umbanda, como um disciplinado auxiliar, fortalecendo-se para não fracassar na sua próxima encarnação, pois novamente retornará como médium. Atua no meio mais vil e rastejante que existe, no que podemos chamar de sombra da humanidade, que conhece muito bem, aplicando seus vastos conhecimentos de magia em prol da justiça cósmica, em que semelhante cura semelhante, o que está acima do bem ou do mal, como entendemos precariamente.

Observações do médium

É oportuno lembrarmos que a Umbanda é constituída numa espécie de setenário mágico, que é organizado por um contingente de seres, estruturalmente com posições definidas de acordo com as tarefas e o tipo de magia. Começando com os Orixás, em número de sete, a Umbanda hierarquiza-se em Legiões, estas por sua vez em Falanges, ambas com seus Chefes, todas englobando um grande contingente de Guias e Protetores.

Os Exus ou Agentes Mágicos, por sua vez, incluem os sete Exus Guardiões, chamados Exus Coroados, com o grau de Chefe de Legião. Cada um deles tem outros Exus que trabalham sob seu comando, os chamados Exus Batizados (porque têm nomes pessoais) ou Chefes de Falange.

A par desse núcleo essencial, a Umbanda, ao longo de sua ação de caridade espiritual, tem abrigado incontável número de espíritos humanos desencarnados que se desligaram das falanges das sombras, em geral por intervenção dos próprios trabalhadores dessa egrégora. Tais espíritos, optando por receber instrução e auxílio em organizações especializadas do Astral, preparam-se para o árduo caminho da reeducação de sua consciência, servindo como auxiliares dos Caboclos, Pretos Velhos ou Exus, executando trabalhos por estes designados, como espécie de "estagiários". Evoluindo constantemente, e de acordo com o esforço e merecimento próprios, um auxiliar desses poderá eventualmente, no futuro, vir a transformar-se em Protetor, quando se credenciar para tal, num posto que vier a tornar-se vago pela "promoção" de um Protetor a Guia.

Esses auxiliares trabalham sob as ordens diretas de uma entidade – Caboclo, Preto Velho ou Preta Velha ou Exu – e, às vezes, podem ser tomados por um deles, ou conhecidos por denominações que na realidade pertencem àquele que os comanda. Por exemplo: um auxiliar de um Exu que é assimilado ou responde pelo nome de seu comandante, ou um auxiliar que é conhecido por um nome de Preto Velho. No primeiro caso temos, nesta obra, o auxiliar que é hoje Tertuliano, e no segundo caso do exemplo, Pai Quirino.

A todos esses trabalhadores, auxiliares do Bem em diversos níveis evolutivos, a Umbanda oferece guarida, a par de suas entidades "estruturais" (é interessante lembrar que as entidades ao nível de Guia não necessitam mais reencarnar – a não ser em missão voluntária –, enquanto os Protetores ainda precisam da reencarnação).

Importante afirmarmos que não trabalhamos diretamente, em termos de "incorporação", com nenhum Exu original ou genuíno conforme hierarquia estratificada no Astral. Todos que se manifestam por intermédio da nossa mediunidade são auxiliares e reencarnarão. Utilizam, com permissão dos maiorais da Umbanda, os nomes dos verdadeiros Agentes Mágicos. Esses irmãos reportam-se ao comando de Vovó Maria Conga, que fraternalmente vai orientando-os enquanto ocupam as posições de auxiliares na caridade. Executam programas evolutivos no Astral sob a égide da Umbanda. Como nos diz essa Guia espiritual e Preta Velha amorosa: "Meu filho, todos nós somos auxiliares da caridade. O importante é darmos oportunidade àqueles que necessitam ardentemente realizar obras para evoluir. Como as árvores darão bons frutos se não regarmos o terreno ressecado pelo atrito dos desmandos pretéritos dessas almas de Deus? A semeadura de Jesus na Terra é amor, e a Umbanda atua saciando os que têm sede de Luz".

Ao leitor sequioso por aprofundamento nessa temática, em especial aos umbandistas e trabalhadores dos grupos de Apometria, sugerimos a leitura de um verdadeiro clássico, um definitivo tratado sobre a Umbanda, o livro *Umbanda, essa desconhecida*, de Roger Feraudy.

Os Artificiais condensadores energéticos na magia negra

Pergunta: O que seriam os Artificiais e como são criados?

Ramatís: A compreensão e o entendimento do que sejam os Artificiais, espécie de formas-pensamento densas oriundas das emanações mentais dos homens encarnados e desencarnados, são importantes devido aos extensos malefícios que causam. Eles são criados continuamente, de forma inconsciente, pelos egos inferiores da grande massa da população da Terra, relacionados com os sentimentos de vaidade, ciúme, inveja, sensualismo, gula, dentre tantos outros negativos.*

---

* O Dr. José Lacerda de Azevedo, introdutor da Apometria, em seu primeiro livro, *Matéria-espírito – novos horizontes para a medicina* (2002), escreve: "A energia da mente pode ser projetada no espaço através de estruturas conhecidas como formas-pensamento. Constituídas de um núcleo de energia com forma modelada pela mente que as projeta, elas podem prejudicar ou beneficiar as pessoas que visam, conforme a vontade de quem as crie – consciente ou inconscientemente. Projetada, ela normalmente atua primeiro sobre o campo ou corpo mental de outros seres, daí passando para os corpos ou campos astral e etérico, para enfim agir sobre o físico, já convertida em ação psicomotora. Se lançada com

O acúmulo dessas formas astral-mentais deixa o indivíduo encoberto por uma massa informe e viscosa, como se fossem agregados à própria aura, "alimentando-se" continuamente do fulcro gerador de sua mente, como se criassem vida própria, qual parasita que domina completamente a planta que o aloja.

Quando há o desligamento do Artificial hospedado no invólucro carnal após a morte, os efeitos são intensos. O pensamento, que se apoderou da matéria plástica do plano astral, rebaixando-a vibratoriamente para uma densidade capaz de saciar as sensações de seu criador, fortaleceu-se a tal ponto que a sua desintegração não é imediata, em alguns casos demorando séculos. Ocorre que tais energias condensadas de baixas vibrações não ficam vagueando a esmo pela imensidão astral que envolve a Terra. Por sintonia, tendem a intensificar as ideias idênticas as que originalmente as criaram, assim tais "entes" logo estarão imantados em outros homens, que os fortificarão ainda mais. Dessa forma, embora o Artificial não tenha inteligência própria, e como se tivesse um desejo instintivo de perpetuar sua existência, reage com a força do seu próprio magnetismo, que tende a intensificar os pensamentos similares que encontra em seu raio espacial de ação. Como a maior parte dos pensamentos continuamente emitidos e que envolvem toda a aura do planeta são de baixa moralidade, dos mais sórdidos interesses, conclui-se quão vasto terreno adubado se encontra à disposição dessas ervas daninhas, formas-pensamento denominadas Artificiais.

Potencialmente mais nefastos do que os Artificiais criados inconscientemente são os Artificiais potencializados conscientemente pela ação mágica dos magos negros líderes das organizações trevosas.

---

emoções, porém, se revestirá de massas magnéticas tanto mais densas e turvas quanto mais baixas (e negativas) forem as frequências vibratórias das emoções; nestes casos, em que se inclui a geração de formas-pensamento, a energia mental emitida atingirá primeiro e diretamente o corpo astral da criatura visada, de onde passará para o etérico e, em seguida, o físico".

Criaturas de gigantesco poder mental, conhecem profundamente as técnicas do pensamento para fortalecer os Artificiais e as utilizam em seus trabalhos, como robôs que levarão a efeito as mais terríveis tarefas. Podem guiá-los a distância como se o Artificial estivesse com toda a inteligência da mente malévola que o domina. Prolongam seguidamente suas existências, vampirizando a vitalidade dos encarnados nos processos obsessivos planejados pelos psicólogos das sombras. Outro processo que os mantêm fortalecidos são as contínuas oferendas com sacrifícios de animais e derramamento de sangue quente, eivado de vitalidade nutritiva. Assim sendo, são perigosos e duram "infinitamente" se não forem destruídos por espíritos benfeitores que conhecem profundamente essas manipulações energéticas, propiciadas pela extrema plasticidade do plano astral.

A engenharia da magia negra e de extremo poder na arte de criar Artificiais para o mal vem desde os idos da velha Atlântida e, infelizmente, essa situação persiste até os dias atuais, em que enormes falanges de Artificiais dominam completamente algumas agremiações terrenas. Muitas das manifestações mediúnicas que ocorrem nesses locais não são de espíritos, mas, sim, de Artificiais teleguiados pelos inteligentes e ardilosos magos, sacerdotes do umbral inferior na arte mais negra que ainda existe no orbe terrestre, pela similaridade de pensamentos desditosos com a população da crosta. Formando simbiose entre ela e as dimensões de vida do plano astral, é aleijão que gera imenso carma negativo, que só se atenuará com a justa imposição das futuras encarnações corretivas, que conduzirão ao inexorável crescimento moral das consciências envolvidas nessas ações hediondas.

Pergunta: O Artificial, quando suga a energia vital, vampiriza o que, exatamente? Se o desencarnado não tem mais corpo etéreo, podemos inferir que não tem mais ectoplasma, então o que é sugado?

Ramatís: Nem toda energia vital pode ser interpretada como ectoplasma. Mesmo o laço fluídico que é o cordão de prata – ligação magnética do corpo astral com o duplo etéreo e com o corpo físico – estando "cortado" após o desencarne, não é incomum o espírito "sentir" por meio do corpo astral, ainda que adormecido em entreposto socorrista do Além, as sensações do fardo pesado que o alojou no seu estágio terreno. É preciso considerar que o período que sucede ao desencarne de homens excessivamente apegados aos prazeres mundanos ou a alguns desligamentos traumáticos, como, por exemplo, os acidentes automobilísticos, é acompanhado de intensa "cristalização" ou fixação mental do espírito. Apesar de desligado do vaso carnal que jaz no plano físico, é como se ele perpetuasse as sensações e angústias, como se nada tivesse acontecido, muito menos tendo noção da mudança de plano vibratório, tendo talvez a vaga impressão de que o corpo somático não faz mais parte da sua "nova" vida. Essa situação leva a uma ligação vibratória com o enredo *post mortem*, puramente psíquica, em que o dínamo gerador é a mente desequilibrada, ainda sintonizada com as energias vitais próprias da matéria que compunha sua veste física.

Por um processo de repercussão vibratória, o recém-desencarnado liga-se mentalmente com as "sensações" da desintegração do envoltório carnal enrijecido e putrefato, que se encontra submetido a uma espécie de força descondensadora, regida pela Mãe Natureza, que tudo modifica e nada deixa se perder. Assim, por essa sintonia mental do desencarnado que se perpetua, o Artificial preparado pela mente malévola de experimentado mago negro "suga" os restos de energia vital, inclusive do corpo etéreo ainda pujante de denso ectoplasma e que não se desintegra logo após o desenlace do espírito, até podendo apresentar-se como um autômato, um cascão a vaguear chumbado na crosta por determinado tempo da dimensão terrena.

Se os homens tivessem olhos para ver do lado de cá, poderiam observar as chusmas de espíritos dementados, em total desalinho existencial, que vivem perdidos no tempo em cidadelas medievais plasmadas por seus pensamentos, se digladiando entre si pela captura dos corpos etéreos dos homens imorais, gulosos, concupiscentes, sexólatras e drogados. Intensifica-se tal cenário infernal quando hábeis mãos dos engenheiros das sombras conseguem apropriar-se desses corpos temporários e densos, manipulando-os para seus intentos mais odiosos e nefastos. Assim, a pura tecnologia do astral inferior e o mal milenar da Terra associam-se para causar doenças, discórdias, conflitos e sofrimento, criando terríveis Artificiais que – embora devam inevitavelmente um dia se desintegrar pelo magnetismo planetário – têm suas energias vitais deletérias potencializadas, sendo utilizados em processos de imantação nos encarnados, levado a efeito por arquitetos das sombras. Os mais variados vícios do corpo e da alma são transmitidos assim entre os dois planos da vida, para causar dor àqueles encarnados que estão na mesma faixa sintônica, fria e calculadamente obsediados.

Essas ocorrências dantescas das vampirizações fluídicas das energias vitais podem se perpetuar no tempo, criando imantações simbióticas de difícil solução, qual parasita que não pode ser retirado das entranhas da planta que o aloja. Espírito e energia, como centelhas provindas do Pai, do Todo Cósmico, eterno e imortal, alimentam-se do infinito manancial energético existente no Universo.

Muitos espíritos que fizeram escambo com o além-túmulo quando encarnados, explorando os Espíritos da Natureza, escravizando os irmãos sofredores do lado de cá em contratos com poderosos magos negros, hoje se encontram prisioneiros, em funesto sono, alojados em úmidas e malcheirosas cavernas do umbral inferior, sendo verdadeiras usinas vivas de fornecimento de energia para as organizações trevosas. Porém, como os homens são imortais, o manancial interminável de energia do Grande Arquiteto do Universo em tudo se apresenta imanente, e Ele assiste a todos na trajetória evolutiva, mesmo em situação tão deprimente como a desses irmãos aprisionados, até que cesse o pagamento do último ceitil das dívidas de outrora e o manto da caridade os encubra com suas falanges socorristas de resgate.

Pergunta: Ficamos algo surpresos. Então é possível "capturar" um corpo etéreo de um recém-desencarnado e manipulá-lo para o mal? Não existem espíritos benfeitores que velam para que esse mediador, usina de energia entre o corpo astral e o corpo físico, se desintegre normalmente nos sítios da natureza?

Ramatís: Não só é possível capturar o corpo etéreo de um desencarnado como é "costumeiro" fazê-lo com os dos encarnados que dão ensejo a isso. Lembrem-se de que todos vocês "morrem" diariamente durante o sono físico. Nesse desprendimento noturno, em que normalmente os indivíduos deveriam descansar das mazelas do dia, muitos "correm" para os antros de sexo, bebidas e viciações em geral existentes na psicosfera da Terra. Se há colônias espirituais e entrepostos socorristas sob a égide da Espiritualidade Superior, também existem palácios e fortalezas das sombras na egrégora terrícola, alimentados pelas emanações mentais de grande parte da população encarnada.

Em persistente estágio nas zonas subcrostais enquanto dormem, os indivíduos, inevitavelmente, estabelecerão afinidades que não respeitarão seu livre-arbítrio. Quantos de vocês têm seus corpos etéreos prisioneiros durante o sono físico, como usinas vivas fornecedoras de ectoplasma? Há os que rotineiramente são esperados assim que dão o primeiro cochilo, para servirem de repastos vivos aos espíritos que não detêm mais um corpo físico, mas que, "colados" ao corpo astral do encarnado desdobrado, auferem todas as sensações como se encarnados estivessem. Embora projetados em locais do astral inferior, o laço mantido pelo cordão de prata com o corpo físico, que fica inerte no dormitório do encarnado, faz com que participem fisicamente de todas as experiências de intenso prazer sensório, algo que é transmitido prontamente aos vampirizadores, saciando-os como se tivessem um corpo de carne.

Quanto ao corpo etéreo dos desencarnados, livre do magnetismo animal do invólucro carnal e da ligação do cordão de prata, em condições normais deveria se desintegrar na natureza, voltando à Mãe Terra como bom filho que retorna a casa – mas nem sempre é o que ocorre. É certo que existem espíritos que têm como tarefa zelar pelos corpos etéreos e físicos nas tumbas mortuárias, pois sendo a maioria de vocês tão presos na matéria, seus corpos etéreos ficam irremediavelmente unidos aos corpos físicos durante a decomposição cadavérica. Essa situação "anormal" após o desencarne, em razão da imoralidade dos terrícolas, e quando não há merecimento de cobertura espiritual dessas falanges zeladoras atuantes nos cemitérios, causa verdadeira corrida louca no além-túmulo, quando hordas insaciáveis se dirigem velozes às moradas sepulcrais, disputando ferrenhamente os restos mortais, sugando-os com sofreguidão como restos de comida jogados entre animais ferozes e famintos. Ainda há as organizações especialistas na captura dos restos mortais, que impõem disciplina e mando no aprisionamento dos corpos etéreos que lhes servirão para calculados recursos do mal.

Agradeçam ao Alto o amparo da espiritualidade no desligamento de seus corpos astrais após o desfalecimento geral das funções físicas. Técnicos, médicos e enfermeiros trabalham arduamente, dia após dia da Terra, assistindo e "salvando" milhões de "mortos" de ficarem grudados nos despojos carnais e sentirem a comichão dos vermes nas entranhas. Esse é um exemplo de amor universal, oculto, silencioso, ininterrupto, desde eras remotas do planeta Terra, em que poderosas energias de bênçãos e perdão são derramadas por toda a humanidade, conduzidas por Maria de Nazaré do Astral Superior desse planeta, auxiliando vibratoriamente, por intermédio de potentes forças magnéticas que dão apoio a essas falanges socorristas, o desligamento de centenas de milhares de seres que desencarnam diariamente no orbe terrestre.

Pergunta: Como se dá a captura dos restos mortais, especificamente o duplo etéreo, pelas organizações malévolas e qual a finalidade dessas atividades especializadas das sombras?

Ramatís: O poder mental do espírito intensifica-se no universo astral. A mente dilatada pelo conhecimento, pela disciplina e concentração aprende rapidamente que o pensamento é capaz de ser criador. Ao impulso de poderoso mago negro, a matéria mental movimenta-se, formando correntes vibratórias que atuam na manutenção de poderosos campos de forças. Assim, a cúpula dominadora das falanges do mal conserva, nas auras das personalidades que caem em seus domínios, permanente indução mental hipnotizadora.

Todos os seres dispõem de oscilações mentais próprias, em amplitude de onda e frequência, sendo comum, com a matéria astralina altamente plástica, a criação de cenários que se tornam presídios daqueles que caem em seu campo de influência, que nada mais são que as afinidades, inclinações, os impulsos e as simpatias de cada um levados ao extremo da loucura para produzir a dominação sem trégua.

Uma simples vibração, um mero pensamento, mesmo o mais secreto, estabelece imediata faixa vibratória de sintonia que provoca a imantação de outras mentes na mesma onda frequencial. É necessário entender os processos de induções mentais coletivas para poder aceitar as turbas de espíritos sofredores, dominados como se fossem robôs.

Ademais, o corpo astral, liberto do pesado corpo carnal, retorna a toda sua potencialidade sensitiva; todos os sentidos "pairam" sobre sua contextura sem a localização sensorial propiciada pelos órgãos físicos de outrora. É como se os sentidos fossem ampliados em um só, por todo o envoltório plástico que molda energeticamente a forma do corpo astral: os sexólatras só "enxergam" os órgãos genitais que buscam para o êxtase fugaz dos prazeres gigantescos e insaciáveis, os bêbados correm atrás dos canecos vivos e dos eflúvios do álcool, os glutões estão fixos nas mesas de finas iguarias e não cessam de correr atrás dos petiscos de carnes suculentas como cachorros raivosos, os viciados sorvem diuturnamente por todos os poros dos seus corpos fluídicos os princípios ativos eterizados das drogas da Terra.

Esses, escravizados e hipnotizados pelas poderosas induções mentais dos magos negros e seus psicólogos das trevas, servem de soldados robotizados, muitos com seus corpos astrais em forma de animais, faces equinas, orelhas de lobos, mãos em garras, pelos de ursos, entre outras hipnoses grupais que deterioram a morfologia original do corpo astral. Assim, controlados mentalmente, são separados por afinidades vibratórias, por eles geradas, e que, paradoxalmente, os mantêm prisioneiros. Os sexólatras perseguirão os corpos etéreos e os restos fluídicos dos sensuais e libidinosos de outrora, os beberrões se verão quais limalhas de ferro em volta de potente imã alcoólico.

Além disso, por afinidades e pelo magnetismo denso que os afina aos corpos físicos em desintegração nas tumbas mortuárias e aos corpos etéreos na maioria das vezes "colados" a eles, em louca corrida no além-túmulo, como personagens de uma apresentação teatral de homens travestidos em assustadoras peles de animais, servem de escolta para prender condenados por seus próprios atos insanos, como instrumentos de dominação do astral inferior. Os vitoriosos nas capturas dos corpos inferiores ferrenhamente disputados poderão sorver alguns restos fluídicos e saciar provisoriamente seus tormentos, método de meritocracia estabelecido nas sombras. Os que repetidas vezes tiverem bom desempenho vão gradativamente subindo na hierarquia desse exército dantesco.

Observações do médium

Há pouco tempo, após começarmos a escrever este livro, tivemos um atendimento no grupo de Apometria para um casal que estava com um baixo campo vibratório implantado por um tipo bem específico e incomum de magia negra: eles se apresentavam como se estivessem com seus corpos astrais dentro de uma espécie de cápsula metálica de bronze, no formato de um caixão mortuário. Entre os dois, no meio do par, estava colocado por intenso magnetismo um "cadáver", enrijecido, o que imediatamente o Caboclo Pery – corroborando informações semelhantes as que Ramatís havia passado – alertou-nos tratar-se de um corpo etéreo "roubado" de um desencarnado. Simplesmente o casal não podia ficar junto, e sempre que se aproximavam um do outro sentiam-se mal, tinham tremores de frio, arrepios, entorpecimento dos membros e um sentimento muito ruim, como se fossem morrer.

Para nossa surpresa, após os amigos espirituais desintegrarem essa cápsula mortífera e o corpo etéreo intruso, um dos médiuns se viu conduzido por um dos Exus que dá cobertura ao grupo até um local no umbral inferior, em que um mago negro era especialista em conservar os corpos etéreos capturados em uma espécie de câmara de resfriamento, em que eram armazenados por classificação ou tipologia de morte, para posterior utilização dentro dos interesses nefastos da organização malévola a que servia. Este ser foi conduzido para o devido local do astral para ser esclarecido posteriormente. Após os Exus removerem todos os espíritos que porventura ainda estivessem no local, cristalizados no *post mortem* e retidos nos duplos "resfriados", Vovó Maria Conga, com o auxílio de uma legião de Pretos Velhos, desmanchou todo esse "frigorífico" de corpos etéreos capturados e manipulados pela terrível magia negra, numa verdadeira implosão ectoplásmica.

Logo após, começou uma chuva de finos cristais luminosos de água, amarelados como se fossem pingos dourados, formando-se uma enorme corredeira de cascata, em que uma falange de caboclas, sereias e ondinas levou todos os restos queimados que ali estavam para os locais da natureza que os reabsorveriam, pelo magnetismo telúrico próprio do planeta.

Foi recomendado ao casal, juntos e de mãos dadas, um banho de cachoeira ou mar logo após o atendimento. Uma semana após, ficamos sabendo que estavam plenamente recuperados e a vida conjugal normalizada.

Pergunta: Podemos concluir que os magos negros dão mais valia aos corpos etéreos capturados para a formação de Artificiais do que às "meras" formas-pensamento? Pedimos maiores comentários sobre a criação magística dos Artificiais e o porquê dessa "preferência" pelos duplos etéreos.

Ramatís: Nos Vedas (livros ancestrais sagrados da Índia que servem de fundamento ao hinduísmo) está escrito que a organização espiritual precede a física. A energia que estrutura a organização física é indispensável e manipulada de forma inteligente, senão haveria o caos. A função faz o órgão. O corpo etéreo, como mediador do corpo astral com o corpo físico, serve como centro de *produção fluídica*, sendo uma cópia fiel do corpo físico. É o mediador entre o plano astral e o físico. Portanto, quando "solto" do vaso carnal após o desencarne, tanto maior será o tempo requerido para sua desintegração pelo magnetismo planetário quanto maior tenha sido o apego material do espírito que o animou. Quanto maiores os desregramentos, os vícios e a imoralidade, tanto mais valioso se torna para as organizações trevosas.

Esses duplos etéreos densificados, abundantes em fluidos pegajosos oriundos das sensações mais grosseiras propiciadas pelos desmandos dos homens, servem de potentes condensadores energéticos para os magos negros. Em processos próprios de manipulação magística, em que os Espíritos da Natureza lhes obedecem pelo comando mental, os magos negros potencializam as energias desses corpos, distorcendo o processo natural de desintegração por meio de intenso magnetismo utilizado indevidamente, contrariando a natureza e as energias elementais dos quatro elementos planetários: ar, terra, água e fogo. Com rituais próprios que lhes servem para a concentração mental, fixam os Espíritos da Natureza no duplo como se fossem os sítios vibratórios de que são originários. É algo que faz muito mal a esses irmãos da natureza, pois as vibrações contidas no Artificial que está se formando, "humanizadas", se mostram extremamente deletérias para eles, por sua pureza vibratória. Veem-se hipnotizados e escravizados ao comando mental do mago negro, ao mesmo tempo dando "vida" ao Artificial oriundo do antigo duplo etéreo, agora espécie de robô que intensifica, por afinidade, os fluidos enfermiços e a conduta desregrada dos encarnados que se encontram no seu raio de ação.

Em calculada análise psicológica dos encarnados que são alvo de sua ação funesta, identificam aqueles afins com os Artificiais criados, e com acurada técnica de polarização de estímulo de memória, estabelecem uma ressonância de vida passada, que com impulso eletromagnético adequado atua na rede neuronal e na malha sináptica, advindo rapidamente quadro mórbido de acentuado transtorno psicológico. Feito isso, está aberta a condição vibratória para a sintonia com o Artificial, que intensificará sobremaneira o desequilíbrio físico e espiritual.

Pergunta: Pedimos um exemplo dessa ação maléfica.
Ramatís: Um encarnado foi alcoolista em existência remota, tendo desencarnado de cirrose hepática, completamente embriagado, em um beco escuro. Na atualidade não bebe e é pequeno empresário, de meia-idade, em franco progresso profissional. Habita feliz uma bela e confortável morada com a esposa e os três filhos adolescentes. Durante uma viagem de negócios, sai com um grupo de clientes e deixa-se envolver em animada festa, em que no meio de drinques e sorridentes moçoilas, se entrega aos prazeres de uma noite, o que considera que não trará maiores consequências.

Numa outra viagem, novamente recai nesse condicionamento festivo como maneira de relaxar. Em intensa ansiedade, não pode mais esperar os períodos de ausência profissional do lar, deixando-se encantar por uma jovem que acaba sendo sua amante. Sentindo que está perdendo o rumo e o controle, num lapso de consciência, sentindo-se culpado, em vista dos valores morais conquistados pelo exemplo moral da esposa, resolve terminar essa relação.

A partir desse momento, inicia-se um processo de obsessão entre vivos, processo anímico, em que a ex-amante diuturnamente se desdobra para assediá-lo durante o desprendimento do sono físico, pois não admite perder aquele que a sustentava financeiramente, situação que a leva novamente a mercadejar o próprio corpo nas boates da cidade. O local em que a jovem vende seu corpo, um antro de prazer, tem em sua contraparte astral um castelo medieval plasmado por poderosa organização que domina a todos, encarnados e desencarnados, presos nos desmandos do sexo. Ela estabelece a sintonia com adestrado mago negro do astral inferior, que recebe a rapariga desdobrada e escuta suas queixas, pois foram ardorosos amantes, imantados em rituais de magia negra de cunho sexual, numa outra encarnação.

Em seguida, por meio de iniciação ritualística na subcrosta, ele se utiliza de um Artificial originado de um duplo etéreo de falecido alcoolista por cirrose hepática, que é devidamente implantado no esposo invigilante, ao mesmo tempo em que um psicólogo das Trevas polariza ressonância de vida passada, de seu desencarne traumático por cirrose hepática. Sem demora o destacado pequeno negociante começa a beber sem cessar, até o ponto de ver-se rapidamente hospitalizado com o fígado "inexplicavelmente" transformado em pasta pegajosa.

Pergunta: Ficamos condoídos do "nosso" doente no hospital. O enredo narrado nos apoquenta, pois estamos habituados a "escutar" histórias do Além mais amenas. O que poderá ocorrer no desfecho dessa novela terrificante que nos deixa um tanto estarrecidos?

Ramatís: Em vez de ficarmos insistindo, ininterruptamente, no exercício do Evangelho em elaborados textos do lado de cá, com apelos doutrinários, poéticos e de elevada exemplificação, afirmamos que a nossa índole espiritual e nosso comprometimento com os maiorais sidéreos é mostrar a relação de causalidade entre as leis cósmicas e as mazelas resultantes dos desmandos morais, que continuam existindo no além-túmulo, em imantação com a crosta.

As simbioses entre os planos dimensionais em que a vida não cessa e a lei de causa e efeito que perdura atemporal, fiel instrumento do ferramenteiro do carma que a todos envolve, são de nossa preferência para levar os indivíduos a um processo de reflexão profunda, numa espécie de chamamento ao seu despertar interno quanto à responsabilidade de seus atos e às consequências geradas nos diversos planos dimensionais.

Entendemos que a maioria das pessoas não está preparada para corresponder aos intensos e repetidos apelos doutrinários, algo catequizadores e excessivamente compungidos. Diante da multiplicidade de informações que o homem hodierno tem à sua disposição, cada vez mais soarão os chamamentos à sua razão e consciência para levá-lo à plena compreensão de que é um espírito eterno. Ressaltamos que a "salvação" está dentro de cada individualidade milenar e imortal, pelos seus atos e suas ações, o que está acima das religiões, doutrinas e seitas da Terra.

Partindo da premissa de que os indivíduos não podem interiorizar algo que ainda não possuem, preferimos mostrar a "dura" realidade além-túmulo da grande maioria dos que habitam a crosta planetária submetidos ao ciclo das vidas sucessivas, bem como o intercâmbio entre os planos existenciais do espírito "retido" na Terra. É um método psicológico de levar os que simpatizam com nossos humildes escritos ao despertamento e à indispensável reforma íntima baseada nos seguros preceitos morais do Evangelho do Cristo, contudo sem nos repetirmos em recorrentes apelos evangélicos doutrinadores. Essa nossa maneira de agir está plenamente de acordo com o nosso compromisso evolutivo com a humanidade terrena, e quão irreal seria o plano espiritual se todos utilizassem uma mesma cartilha como método de orientação educativa. É preciso ter em mente que a cada um é dado um escopo de trabalho dentro da grande obra do Pai, rumo à estação angélica a que todos estão destinados.

Quanto ao doente hospitalizado, muitas seriam as possibilidades, de acordo com a relação de causa e efeito que enreda todos os envolvidos em um mesmo carma coletivo. A doença nefasta, a conduta culposa, o descuido com a dedicada esposa, tudo isso levou o adoentado a uma profunda reflexão. Aliado a um destrambelhamento dos nervos e a uma deficiência hepática, sequelas que o deixaram inapto ao trabalho, viu-se prematuramente aposentado e vendeu sua empresa, que se encontrava em boa condição financeira. Como tinha arrojado plano previdenciário contratado há anos, pôde se dedicar com esmero à educação dos filhos e a "aprender" a amar verdadeiramente a esposa. Como resistiu à doença e à obsessão mórbida por intercessão vibratória da esposa, espírito moralizado e com grande sentimento religioso e de amor ao próximo, que o assistiu ininterruptamente no internamento hospitalar e após a alta, o Artificial acabou se desintegrando pela "simples" mudança vibratória do obsediado, cessando sua interferência destrutiva.

Conclui-se que a pureza do amor em toda sua simplicidade "tudo" pode transformar, sendo a maior defesa da alma durante sua existência imortal, situação que independe das religiões e doutrinas terrenas, muito menos da forma que veste o espírito no meio dimensional com que ele se relaciona. O amor é universal e é o combustível cósmico que catapultará o ser à unidade com o Pai, assim como fez Jesus.

Pergunta: Como os benfeitores espirituais atuam no socorro desses escravizados, soldados hipnotizados que agem nas tumbas mortuárias?

Ramatís: Esse socorro ocorre por merecimento individual ou por intercessão de um espírito com merecimento diante dos tribunais divinos. Imaginemos um encarnado que se encontra com distúrbio hepático sem causa aparente pela medicina terrena. Em franco e acentuado processo de enfraquecimento, defronta-se com toda sua família perturbada, impedido das atividades laborais e sem conseguir dormir, quase que em completo enlouquecimento. Em sua busca por ajuda, entra em atendimento espiritual num grupo de Apometria. A partir desse momento, havendo o merecimento ou a intercessão, abalizado espírito benfeitor, Caboclo da vibratória de Ogum que dá cobertura ao grupo mediúnico da Terra, autoriza a movimentação de espíritos especialistas no socorro e na libertação de corpos etéreos retidos e transformados em destrutivos Artificiais. Como são energias extremamente densas e enfermiças, selváticas, quase materiais, necessitamos entrar na mesma faixa de frequência, eis que o semelhante cura o semelhante. Um médium é desdobrado pelos comandos verbais do dirigente encarnado, em pausada contagem de pulsos magnéticos, e um espírito denominado Agente Mágico ou Exu é autorizado a acoplar-se nos chacras do corpo etéreo do medianeiro, levando-o a experimentar uma catarse que libera a quota de energia animal requerida para o trabalho.**

O processo de socorro e desmantelamento será levado a efeito por competente agrupamento que atua dando cobertura aos benfeitores espirituais nessas faixas vibratórias mais baixas dos cemitérios.

** "Matéria é energia condensada. Quem condensa energia é um condensador. Logo, todos os corpos são condensadores. Os corpos dos seres vivos são condensadores bio-eletromagnéticos. Essa energia, presente em todos os corpos e aprisionada pelos limites da forma, extravasa continuamente, formando as 'auras' dos minerais, vegetais e seres humanos. O campo magnético, à superfície dos corpos físicos, é rico de radiações, ou seja, partículas magnéticas que se desagregam continuamente. Visto que as criaturas humanas são também 'energias condensadas', elas alimentam um campo radiativo em torno de si e que deixa um 'rasto' ou uma pista de partículas radioativas por onde passam" (trecho de palestra proferida pelo dr. Augusto R. M. Garcia, presidente até 2003 da Sociedade Brasileira de Apometria).

Com uma bolha ectoplásmica de proporções adequadas, toda a área espacial dominada pelo mago negro no astral inferior é envolvida e desfeita, os espíritos hipnotizados são socorridos e refeitos em suas formas astrais, o Artificial manipulado que um dia foi um corpo etéreo é desintegrado e retorna à natureza.

É relevante entender que a caridade se dá em todos os recantos do cosmo e que o Pai Maior, Deus, a todos seus rebentos assiste, assim, por sua imanência, também atua com seu amor nas sombras, dando a oportunidade dos que ali se encontram evoluírem, situação tão bem exemplificada no Cristo-Jesus quando adentrava as colônias de leprosos – cavernas úmidas, escuras e pútridas – curando os chagados pelos suplícios dessa doença, que espantava os homens doutos e sacerdotes da época.

Pergunta: Por que o espírito benfeitor que autoriza o socorro por intercessão e por merecimento, como foi demonstrado, é um Caboclo de Ogum? Poderia ser outro espírito ou outra forma astral da entidade espiritual?

Ramatís: Sem dúvida, poderia ser outro espírito em forma astralina diferente de um Caboclo. Na verdade, isso é de somenos importância no trabalho assistencial nos grupos de Apometria. Há que se afirmar que as roupagens fluídicas que os espíritos adotam estão de acordo com as afinidades do agrupamento terreno e a maneira com que os trabalhos estão organizados. Obviamente, isso é estabelecido antes de o médium reencarnar. Por isso vemos, com tristeza, muitos medianeiros sentirem-se contrariados em seus ideais de passividade mediúnica e contato fluídico com os mentores, pois muitos idealizam médicos, sacerdotes egípcios, filósofos gregos ou instrutores orientais, mas quando se deparam com os "simples" silvícolas ou os humildes Pretos Velhos nas mesas mediúnicas, os preconceitos "falam" forte, chegando ao ponto de muitos recusarem peremptoriamente um mentor espiritual nessas formas astrais, jogando fora abençoado compromisso aceito e pedido no astral antes de reencarnarem.

Contudo, na Umbanda, os Caboclos de Ogum são os que têm autoridade no plano astral para liberar os trabalhos e as movimentações das falanges socorristas quando se requer a atuação caridosa dos Agentes Mágicos – Exus –, mesmo que sejam as vibrações de outros Orixás (Oxóssi, Xangô etc.) as requeridas nos socorros. Isso não significa superioridade, pois é somente uma questão de organização e disciplina do lado de cá, visto que são muitos os espíritos operosos, vários ainda reencarnantes e em aprendizado corretivo, o que requer autoridade e mando, sempre com amor e humildade.

Pergunta: Somente os Caboclos de Ogum têm essa autoridade de comando dos agentes mágicos – Exus?

Ramatís: O simbolismo da imagem de São Jorge vencendo o dragão – associado à atuação de Ogum e suas falanges – tem um sentido oculto. Como é muito baixa a moralidade da população habitante da psicosfera terrícola, ainda prepondera na maioria o eu inferior, com os instintos mais baixos, simbolizados pelo dragão que jaz dentro de cada um e deve ser dominado pela "espada" – a vontade – do Eu Superior, como São Jorge imobilizando a besta caída.

Os grandes "embates" com vistas ao amparo humano são conduzidos pelas vibrações e falanges de Ogum. Muitos espíritos que foram magos brancos desde os Templos da Luz da Atlântida atuam em posições de comando dessas legiões e têm autoridade conquistada no organizado movimento de Umbanda no Astral. Esses espíritos "especialistas" na Alta Magia Cósmica e conhecedores das consequências, dentro das leis de causalidade, da manipulação de energias, apresentam as condições necessárias para avaliar todas as faixas vibratórias e as exigências de intermediação dos Agentes Mágicos de cada Linha ou Orixá, de conformidade com as peculiaridades de trabalho de cada uma, para a cura e o equilíbrio dos consulentes e sofredores.

Isso não significa que "somente" os Caboclos de Ogum tenham essas características de trabalho ou que todos os Caboclos de Ogum assim procedam. É possível entidades que atuam mais diretamente sob outros Orixás atuarem nas sete linhas da Umbanda, como, por exemplo, as que têm o número 7 no nome. O 7 é uma identificação sacerdotal e de hierarquia, no Astral, dentro do movimento de Umbanda, de nomes que as caracterizam vibratoriamente: Caboclo Sete Flechas ou Sete Folhas na linha de Oxóssi, Caboclo das Sete Pedreiras na linha de Xangô e Caboclo das Sete Encruzilhadas na linha de Oxalá.

Pergunta: Em que consiste a "serventia"?

Ramatís: A serventia, que denota qualidade de servir a algo, alguém ou a uma causa, não deve ser interpretada como servidão ou subserviência. Como as formas de apresentação de Caboclos, Pretos Velhos e Crianças na Umbanda são "ocupadas" por espíritos que vibram em certas frequências sutis, ficam impedidos de atuar em determinados sítios vibracionais ocupados pelos antros de magia negra, sob pena de se imporem pesados rebaixamentos vibratórios que seriam motivo de sofrimento desnecessário, pela regularidade desse tipo de atuação. Para tanto, utilizam-se da "serventia" dos agentes mágicos – Exus – como se fossem pares, mas cada um na sua faixa de caridade, "complementando-se" no ideal de amparo e socorro àqueles que fazem jus diante dos tribunais cósmicos. Isso não quer dizer que não possam existir espíritos iluminados e libertos completamente do ciclo carnal atuando por amor à humanidade como agentes mágicos – Exus.

Pergunta: É possível nos dar um exemplo de espírito iluminado que é um agente mágico – Exu entidade – que atua por amor nessa posição? Isso não contraria o programa evolutivo dessa consciência espiritual no grande plano ascensional arquitetado pelo Pai Maior?

Ramatís: Se o espírito que animou o corpo que personificou Jesus aceitou se impor imenso rebaixamento vibracional por amor e este planeta e à coletividade espiritual que estagia nesta localidade cósmica, por que outros irmãos assim não podem igualmente proceder, diante do princípio de que o Pai a todos trata com equanimidade?

Quando um espírito conquista o passaporte cósmico que o habilita a agir e decidir por si mesmo quanto à sua movimentação no infinito universal regido pela onisciência do Criador, pode, dentro do exercício do seu livre-arbítrio, optar por como e onde continuará evoluindo, desde que seja de seu direito e merecimento, mesmo que para isso se imponha atuar em locais de baixa densidade vibracional em relação ao seu atual estágio evolutivo. Quantos luminares e santos da história terrena não estiveram com os exércitos que comandavam as batalhas sanguinolentas em nome da mansuetude do Cordeiro por livre escolha?

A ascensão espiritual não é qual carrasco que impõe os páramos celestiais retratados nas abóbadas das igrejas ou dos planos idílicos de arquitetos ou engenheiros siderais. Os que estão "embaixo" não podem "subir" sem merecimento, mas os que estão "em cima" podem "descer" por amor, o que é direito cósmico inalienável conquistado; e todos, indistintamente, são "olhados" com os mesmos critérios pelo Pai, que é todo amor, imanente na diversidade de planos dimensionais em que estua a vida no cosmo.

Não daremos um exemplo de entidade espiritual que atue nos moldes descritos, pois a estaríamos distinguindo diante da necessidade de mencionarmos um nome. Podemos afirmar que na linha vibratória do Orixá Oxalá é mais "comum" encontrar espíritos que poderiam estagiar em paragens cósmicas inimagináveis aos humanos atuando como Exus na Umbanda.

Pergunta: Como atuam e o que fazem os agentes mágicos – Exus – na vibração de cada Orixá?

Ramatís: As emanações mentais dos encarnados e desencarnados da Terra são ainda de baixa vibração. Os desejos e pensamentos ocultos formam uma corrente astral-mental deletéria, poluindo a psicosfera que envolve a área adjacente da crosta e inundando toda a contraparte etérea, que é muito maior que a circunferência planetária.

Fundamentalmente, e de um modo geral, as vibrações dos Exus "complementares" a cada Orixá agem dispersando e desfazendo essas correntes astral-mentais negativas, parasitas, pegajosas, enfermiças, obsediantes e manipuladas para os fins funestos dos magos negros. Assim contribuem decisivamente para o equilíbrio energético dos sítios vibracionais ligados aos quatro elementos, que dão sustentação vital para que as energias condensadas que animam na forma o orbe terrestre se mantenham "saudáveis", para que os espíritos continuem habitando-o. As mentes, destacamos, são os motores propulsores das energias cósmicas em todo o Universo. Na Terra, as condensações energéticas formadas pela comunhão de pensamentos seriam nefastas se não houvesse a atuação das vibrações ditas Exus, desfazendo as correntes astral-mentais negativas, que são plasmadas dia e noite sem trégua.

Não entraremos em maiores detalhamentos de cada Orixá ou Linha vibratória, fato que exigiria um compêndio específico sobre o tema, com o que, pela exiguidade de "tempo" para levarmos a efeito as tarefas que requerem o intercâmbio mediúnico, fugiríamos ao nosso compromisso neste momento com os maiorais sidéreos. Todavia, indicaremos, de um modo geral, a atuação das entidades ditas Exus quando autorizadas dentro da lei de causa e efeito, e com o merecimento conquistado por aqueles que estão sendo amparados por suas falanges: desmancham e neutralizam trabalhos de magia negra, desfazem formas-pensamento mórbidas, retêm espíritos das organizações trevosas e desfazem as habitações dessas cidadelas; removem espíritos doentes que estão vampirizando encarnados; retiram aparelhos parasitas, reconfiguram espíritos deformados em seus corpos astrais; desintegram feitiçarias, amuletos, talismãs e campos de forças diversos que estejam vibrando etericamente; atuam em todo o campo da magia necessário para o restabelecimento e equilíbrio existencial dos que estão sendo socorridos.

Pergunta: É correto "implodir" as cidadelas do umbral inferior que serviram às organizações malévolas? Alguns grupos de Apometria adotam essa terminologia. Isso nos parece algo violento.

Ramatís: Muitas cidades que estão plasmadas no Umbral inferior são habitadas por comunidades de espíritos dominados, dementados e perdidos no tempo. Os magos negros de grande poder mental "constroem" bases, centros de tecnologia, laboratórios de tortura e pesquisas, com as mais variadas finalidades obsessivas e de dominação coletiva. Há que se lembrar que a capacidade mental de manipulação das energias cósmicas para criar as formas no mundo astral, altamente plástico, é "desconectada" da condição evolutiva do espírito no terreno da moral e do despertamento amoroso. O conhecimento não leva necessariamente à moralização, e sim à pureza dos sentimentos burilados nos preceitos do Cristo. Certo está que as energias sutis e de alta frequência fogem ao poder mental dos engenheiros das sombras. Por esse motivo não se encontra o belo nesses endereços "decaídos", mas, sim, o bizarro, o dantesco, as formas pardacentas e pestilenciais.

Imaginem um laboratório de um alquimista do além-túmulo exímio em manipular fluidos altamente destrutivos, que são armazenados em cápsulas, tendo por finalidade serem implantadas nos cérebros e nas espinhas dorsais dos encarnados. Essas construções, laboratórios e bases dos magos negros devem ser deixadas a esmo no espaço, para que possam ser ocupadas por outros cientistas diabólicos? Considerem ainda a baixa frequência vibratória dessas "construções" plasmadas e concluirão que muito poucas podem ser aproveitadas como entrepostos socorristas. Efetivamente, é como se fossem "implodidas" essas formas astrais, o que não quer dizer violência, pois é só uma questão de denominação.

Pergunta: Afinal, como se dão essas "implosões"?

Ramatís: Um médico terreno quando vai fazer uma incisão em um órgão para extirpar um nódulo canceroso precisa realizar a devida assepsia em toda a região física envolvida, sob pena de infecção. Após, retira toda a formação anatômica tecidual tomada pelo tumor cancerígeno, para evitar recidiva. Assim agimos, fazendo a assepsia planetária, removendo as construções que estão descontroladas e causando um mal maior à coletividade como um todo. O ectoplasma dos medianeiros é o combustível para esses desmanches, e os Pretos Velhos são exímios nessas precisas operações cirúrgicas na região subcrostal do orbe, que se encontra enfermiça e rebelada contra o atual momento consciencial da coletividade. Existem ainda estações interplanetárias com naves espaciais etéreas que têm todos os recursos tecnológicos para pleno sucesso dessas varreduras e tempestades energéticas, que alteram tais formas enfermiças plasmadas por mentes doentias.

Pergunta: Em uma das respostas anteriores, foi citado o "aprendizado corretivo". O que podemos entender por essa assertiva? Isso não se dá somente quando o espírito encarna?

Ramatís: Quando, por exemplo, muitos dos sacerdotes e abalizados doutrinadores das religiões e doutrinas terrenas se encontram chumbados no umbral inferior após o desencarne, "presos" nas zonas áridas subcrostais, perambulando por anos e anos à procura de um filete de água barrenta que possa saciar sua sede enlouquecedora, encontram-se em aprendizado corretivo, evoluindo, como tudo no cosmo. Também é possível continuarem evoluindo prestando serviço socorrista para as estações hospitalares, na estada transitória entre as reencarnações. Para tanto, existem escolas em que se preparam os espíritos que labutarão na batalha interminável do amparo socorrista. Sendo assim, muitos dos que se apresentam como enfermeiros, médicos, caboclos, Pretos Velhos e Exus ainda necessitam reencarnar e atenuam seus pesados carmas prestando a caridade entre os planos de vida, abençoada oportunidade de aprendizado corretivo ante as leis de amor que regem a ascensão espiritual.[***]

Pergunta: No atendimento apométrico, é habitual "enviar" o corpo etéreo para tratamento nos hospitais do astral que dão apoio aos grupos. É possível "remeter" o corpo etéreo a esses locais de vibrações mais sutis e de frequências mais altas?

Ramatís: Nos grupos de Apometria, por intermédio de pulsos magnéticos, o corpo etéreo dos encarnados "afasta-se" cerca de alguns centímetros do corpo físico. Com esse desacoplamento, é como se o corpo etéreo ficasse inclinado para um dos lados do medianeiro, mas sem estar completamente desdobrado. Assim, os trabalhos dos mentores nesse mediador denso são realizados na área espacial justaposta, ou, quando muito, circunscritos a pequena distância. Na verdade, o fato de o duplo não ser remetido para "cima" não deve causar desapontamento, pois é perfeitamente possível agirmos "encapsulando" esse veículo inferior em espécie de câmara vibratória avançada do hospital do astral, a qual pode ser chamada de ala de atendimento a distância. Ademais, as vibrações mais rápidas, rarefeitas e de alta frequência transpassam naturalmente as mais lentas, densas e de baixa frequência, sendo o espaço-tempo no lado de cá diverso do da Terra.

A densidade que é peculiar ao duplo etéreo e a afinidade com as energias telúricas do planeta o imantam à superfície planetária. Por similaridade vibratória, é possível realizar atividades socorristas na contraparte etérea da subcrosta terrestre com o duplo etéreo do médium desdobrado durante o sono físico, por competente mentor, Guia ou Protetor espiritual. Este se utilizará desse veículo

---

[***] Refere-se aqui aos auxiliares, mencionados anteriormente.

inferior para a doação da quota de energia animal requerida para as inserções nas zonas abissais, espécie de combustível ectoplásmico específico para as múltiplas finalidades que requer esses tipos de atividades. Elas são habilmente levadas a efeito pelos Pretos Velhos, desmanchando bases e laboratórios, recompondo membros e libertando espíritos hipnotizados por meio dos choques fluídicos animalizados. Nesses casos, raramente há lembrança do médium, pelo desencaixe entre os corpos astral e físico, ficando o órgão cerebral e o corpo físico inertes, conectados ao princípio espiritual somente pela ligação fluídica do cordão de prata.

Pergunta – Nos casos em que essas incursões umbralinas nas regiões subcrostais são levadas a efeito durante os trabalhos dos grupos de Apometria, o corpo etéreo também "desce" a essas zonas abissais?

Ramatís: Não. Se assim ocorresse haveria um desfalecimento do aparelho mediúnico por um transe letárgico. Nesses casos e nas atividades de socorro desobsessivo como um todo, em que os médiuns são conscientes, há um desprendimento parcial do corpo etéreo, ficando como que levemente desacoplado, algo em torno de 10 centímetros para um dos lados do corpo físico. Isso é o suficiente para grandes doações de energia animal. O que "desce" até essas paragens degradantes, devidamente amparado pelos Guias que vão acoplados nos chacras, é o corpo astral do aparelho mediúnico. Na verdade, como o espaço-tempo é diferente, é como se houvesse um entrelaçamento dimensional, ficando o grupo em espécie de cápsula de segurança, como uma esfera ou bolha ectoplásmica, que é inserida nessas comunidades que estão sendo removidas pela caridade socorrista.

Pergunta: Recentemente a Terra aproximou-se de Marte, movimentação que culminou na menor distância entre os dois planetas já registrada na história. Sendo Marte o astro que representa na Umbanda a regência vibratória do Orixá Ogum, o que significa essa rara aproximação planetária logo na virada do milênio?

Ramatís: Soam as trombetas de Ogum no chamamento dos obreiros para a linha de frente da higienização da psicosfera terrícola amparada no mediunismo, para instrumentalizar a Grande Fraternidade Universal, como canal de socorro no astral inferior e nas zonas abissais da Terra. Não por acaso, Marte é a representação planetária do Orixá Ogum. Com o alinhamento astrológico de Júpiter – Orixá Xangô – previsto e planejado há muito pelos Arquitetos Siderais, a Terra estará imensamente irradiada pelo magnetismo desses dois astros: pela "força" de Ogum, vencedora das grandes demandas, e pela de Xangô, a justiça cósmica. Essas serão as influências vibratórias perceptíveis no Universo manifestado – material – e nas sete faixas de frequência que formam o plano astral que envolve a Terra.

Neste início de Terceiro Milênio, de Nova Era, em que a Umbanda está entrando na fase de Oxóssi, Orixá de cura, o planeta terreno recebe uma intensificação das vibrações de Ogum, Orixá regente da primeira fase da Umbanda no Milênio que findou e que representa ainda a maioria das manifestações mediúnicas nesta egrégora. Nas dimensões suprafísicas, intensificaram-se sobremaneira os resgates nas comunidades do Umbral inferior durante essa aproximação planetária, e as entidades querem autoridade de comando, muitas sendo espíritos "ascensionados" que estão atuando diretamente na linha desse Orixá na Umbanda. Como Caboclos de diversos nomes, estão "pessoalmente" engajados nesse movimento, vestidos com as "velhas" aparências de peles-vermelhas atlantes, há muito "esquecidas" no passado remoto, neste momento importante de higienização da psicosfera terrícola.

Faz-se necessária, com a injunção magnética e astrológica da Justiça – Xangô/Júpiter – e previamente autorizada pelos tribunais divinos, a intensificação das retenções e remoções de coletividades sofredoras sob o domínio cruel de magos negros, que há muito ultrapassaram seus direitos cósmicos e de livre-arbítrio, em total desrespeito às comunidades que dominam odiosamente.

É o momento de os indivíduos colocarem "as mãos na massa". De arregaçarem as mangas de obreiros e ir para a linha de frente da batalha da caridade, instalada pelo mediunismo que dá alento, socorro e alívio aos sofredores, aproximando-se assim dos doentes do corpo e do espírito e distanciando-se um pouco da retórica costumeira e do excesso de estudo. Este é importante, mas somente quando em equilíbrio com a conduta prática, senão correm o risco de ficar qual o projetista que não sabe dirigir o possante automotor que ele próprio idealizou.

Quem puder, que procure trabalhar diretamente com todos e quaisquer consulentes: passes, magnetismo, desobsessão, mesa, terreiro, Apometria, xamanismo, curadores, benzedeiras etc., pois todos os recursos e ferramentas estão sendo utilizados pela espiritualidade, de acordo com o grau evolutivo de cada ser, nesse início de Terceiro Milênio de intensa mudança da consciência coletiva.

Observações do médium

No mês de agosto de 2003, a Terra aproximou-se de Marte, para um encontro que culminou na menor distância entre os dois planetas já registrada na história. Durante as nossas vidas, nunca mais o Planeta Vermelho vai aparecer de modo tão espetacular. A próxima vez que Marte se aproximará tanto da Terra será no ano de 2287. Astrônomos afirmaram que Marte nunca se aproximou tanto da Terra nos últimos 5.000 anos, com possibilidade de esse tempo ser da ordem de até 60.000 anos. A data da maior aproximação foi no dia 27 de agosto de 2003, quando Marte estava a 34.649.589 milhas; e foi, depois da Lua, o astro mais brilhante do céu noturno. Num modesto instrumento de amplificação ótica de fator de aumento 75, Marte apareceu do tamanho da Lua cheia vista a olho nu!

Estímulos magnéticos transcranianos no atendimento apométrico

Pergunta: Diante da assertiva "estímulos magnéticos adequados atuam na rede neuronal e na malha sináptica, advindo rapidamente quadro mórbido de acentuado transtorno psicológico", pedimos maiores elucidações a respeito.

Ramatís: A ciência da Terra descobriu a estimulação magnética transcraniana por meio de aparelhagens adequadas para esse fim em experiências de laboratório. Ainda que as análises dos cientistas por enquanto sejam especulativas, concluíram que é possível excitar as células cerebrais alterando os estímulos neuronais que formam pontos específicos da malha sináptica. Utilizando pequenas bobinas em método não invasivo, enviam por intermédio do crânio pulsos magnéticos intensos e curtos a regiões específicas do cérebro, induzindo, potencializando ou diminuindo, ativando ou desativando, de forma segura e indolor, correntes elétricas nos circuitos neurais da rede elétrica das sinapses. Dessa forma, atenuam-se e até suprimem-se depressões, fadigas, ansiedades e os mais diversos transtornos psíquicos.

Os magos negros e cientistas do astral inferior muito utilizam essas técnicas magnéticas para causar doenças e os mais variados transtornos psicológicos nos encarnados. É possível a polarização ou ativação de um determinado estímulo neuronal que implanta um circuito neural na rede sináptica do cérebro, não só para causar alívio ou cura. Em demorado e criterioso planejamento, ativam ressonância traumática de vida passada, que manipulada magneticamente se transforma em fenômeno anímico auto-obsessivo de complexa etiologia no campo espiritual. Dar-se-á pela sintonia entre esse fulcro desajustado que ressoa da mente inconsciente para o consciente do encarnado. O atavismo ou condicionamento psíquico desequilibrante é o veículo dessa ação funesta.

Pergunta: É possível utilizar-se da estimulação magnética transcraniana nos grupos de Apometria?

Ramatís: Concretamente isso já ocorre, pela aplicação da técnica denominada "despolarização dos estímulos de memória". Nem tudo é ressonância traumática de vidas passadas; mas os comportamentos atávicos se repetem devido à personalidade atual do encarnado. É certo que os "repetentes" nas condutas desequilibrantes do psiquismo são mais facilmente atingíveis pelos magos negros. Em determinados casos, quando ocorrem situações, na vida presente, em similitude com ocorrências pregressas, na mesma idade e no momento cronológico de uma existência anterior, ativa-se naturalmente a ressonância mórbida na rede neural.

O que podem realizar é no sentido de expandir a aplicação terapêutica desse abençoado procedimento denominado "despolarização de estímulo de memória", para outros transtornos da variada etiologia anímica e atávica, como depressões, ansiedades, comportamentos compulsivos, déficit de atenção, dificuldades psicomotoras e cognitivas e neuroses. Enfim, na enorme diversidade de perturbações psíquicas com repercussões somáticas que nem sempre são geradas por ressonâncias de vidas passadas.

Pergunta: Gostaríamos de mais pormenores de situações que podem se repetir na vida presente de um encarnado em similitude com ocorrências pregressas, em mesma idade e momento cronológico do passado, e que ativam naturalmente o trauma pregresso.

Ramatís: No passado, uma freira de 30 anos, desacostumada, pela rotina fastidiosa do enclausuramento religioso, de longas caminhadas em escarpas íngremes e montanhosas, escorregou de um local alto na montanha. O que era um simples passeio de recreação entre irmãs da abadia se tornou um acidente fatídico para a abadessa, que ficou tetraplégica, sofrendo dores lancinantes por um longo período, acamada no convento. No presente, esse mesmo espírito, encarnado como simples dona de casa de 30 anos, em um dia de verão saiu a passeio com a família. Visitaram um local de alta e magnífica queda de água nas montanhas da Serra do Mar. Vislumbrando as grandes pedras que cercavam as árvores, ativou inconscientemente ressonância de vida passada, polarizando naturalmente um circuito neural de memória na rede sináptica, referente ao acidente pregresso.

De uma hora para outra, sem explicação médica aparente, iniciou-se intensa e insuportável dor de cabeça do pescoço para a nuca. À noite sonhava que estava caída no chão e imóvel, sem poder mexer com as mãos e os pés. Gradativamente, a recorrência desse quadro tormentoso formou intensos pensamentos parasitas e auto-obsessão, desequilibrando o psiquismo da atual personalidade, a ponto de perder, várias vezes por dia, o controle motor dos braços e das pernas, como se fosse aleijada, caindo abruptamente no chão. Intercalaram-se o passado e o presente no quadro acidental de antigamente, ainda não superado pela revolta do espírito imortal. Mesmo com a mudança de corpo físico, trata-se do mesmo inconsciente espiritual. Ressoam da mente imortal as lembranças trágicas da queda fatal, não superadas pelos anos de revolta e ódio contra a providência divina, visto que a antiga freira ficou dependente da assistência externa para todas as suas necessidades de paralítica incapaz.

Numa segunda exemplificação, encontramos um belo jovem completando 25 anos, solteiro e de promissora família de advogados. Inexplicavelmente, ao completar essa idade, sempre que uma moça lhe dava a oportunidade de aproximação para um namoro, gaguejava e sentia enlouquecedora dor na garganta, seguida de um ardor como se saíssem formigas picantes por ela. No passado remoto, em que foi valente cavaleiro de um senhor feudal, traía-o em suas viagens, caindo nos braços reconfortantes da esposa solitária. Tendo sido prometido em casamento pelo seu pai para uma moça de família próxima, foi assassinado brutalmente pelas costas com um profundo corte de espada. Ficou caído, inerte, jogado em uma vala em cima de um formigueiro. Seu bonito corpo de guerreiro nunca foi encontrado. O espírito, tendo ficado imantado ao corpo atacado pelas formigas, sentiu nas entranhas todas as sensações desse suplício. Tentava em vão pedir socorro para a ex-amante, achando-se ilusoriamente ainda vivo. Ao conseguir libertar-se pelo forte pensamento fixo nela, aproximou-se em corpo astral dela, tomando consciência, pela sintonia de pensamentos, de que foi ela a mandante do assassinato violento. Fora secretamente planejado em delírio de ciúmes para que ele não desposasse a sua irmã, cunhada do rico barão e seu esposo viajante, como fora prometido entre as famílias. Na atualidade esse espírito, encarnado no belo jovem, futuro advogado de 25 anos, toda vez que se aproxima de uma jovem atraente, reativa as lembranças ocultas da morte cruel e sobrevêm-lhe sensações como se estivesse caído com a garganta cortada, comido por formigas selvagens.

Os casos demonstrados são ressonâncias de vidas passadas. Contudo, nem todo transtorno caracterizado no vasto e complexo campo psíquico assim o é. Os condicionamentos e hábitos do presente influenciam os atos volitivos, na maioria das vezes, sem a interferência da conduta atávica do passado, de outras encarnações. As compulsões e os impulsos negativos podem perfeitamente ser adquiridos por influência do meio social, do grupo de estudo, da família e até dos coleguinhas de bairro na infância, como são a preguiça, a indolência, a falta de higiene pessoal, a maledicência, a intriga, os valores deturpados que estimulam a serem os vencedores entre as coisas materiais da Terra, e assim por diante.

Os apelos do ego inferior são uma constante na existência do ser. Podem, tranquilamente, estabelecer circuitos nas redes neuronais das sinapses que não são relacionados com traumas do passado remoto, induzindo a uma série de psicopatias e desvios comportamentais que, adquiridos na presente encarnação, igualmente denotam transtornos anímicos. Logicamente as negatividades ainda não lapidadas no espírito, como disposições indolentes do inconsciente milenar, se não encontrarem entraves no meio que o cerca, na família e na sociedade, modelam o comportamento da nova personalidade, todavia sem caracterizar especificamente uma "ressonância polarizada" aos moldes descritos na Apometria.

Assim sendo, a técnica de estimulação magnética se expande, uma vez que sua aplicação pode se dar como terapêutica de largo espectro das amplas profundezas do psiquismo do espírito imortal.

Pergunta: Como saberemos a intensidade e a frequência adequada dos pulsos magnéticos e a região do cérebro em que está o circuito neuronal da malha sináptica a ser atingido?

Ramatís: A intenção de se utilizar campos eletromagnéticos para alterar as funções neurais remonta ao início do século passado. Já intentavam os psiquiatras que seguiram os passos de Sigmund Freud tratar depressão e neuroses com dispositivo eletromagnético para uso em consultório, inclusive com registro de patente desse invento médico, que "coincidentemente" se parece muito com os modernos aparelhos de estimulação magnética transcraniana.

Ao contrário das limitações físicas e de espaço do plano terrestre, que requerem vários exames e demorado diagnóstico, inclusive com mapeamento de imagem da rede sináptica cerebral para a correta aplicação da estimulação, do lado de cá em questões de segundos temos precisa e seguramente todas essas informações. Isso é possível pela avançada aparelhagem plasmática que é utilizada, oriunda de estações interplanetárias que compõem os hospitais do astral, e pela dilatada capacidade mental dos espíritos médicos extraterrestres que trabalham na egrégora terrícola, que ainda não conseguimos descrever em palavras terrenas. Isso de maneira alguma desautoriza ou concorre com o acompanhamento médico terreno do consulente, pois a terapia espiritual deve ser sempre complementar.

A intensidade e a frequência dos pulsos magnéticos que têm por alvo determinada área cerebral etérea são aplicadas com precisão cirúrgica pelos técnicos do plano espiritual, que os "ajustam" aos comandos de pulsos magnéticos levados a efeito pelo operador encarnado do grupo de Apometria. O que vocês devem ter em mente, além do "estudar para melhor servir", é o amor, a caridade e a moral elevada do grupo de Apometria para que se estabeleça, por afinidade, a devida cobertura da espiritualidade superior e dos mentores. Do contrário, poderão se mostrar funestas e da mais terrível magia negra essas manipulações magnéticas na região etérea da contraparte do órgão físico, em total desrespeito ao livre-arbítrio, merecimento e encadeamento cármico do assistido.

Pergunta: É "comum" a manipulação de cenários ou as chamadas formas-pensamento artificiais pelos benfeitores espirituais? Nesse caso, não bastaria o fluido cósmico? Por que a necessidade do ectoplasma dos médiuns?

Ramatís: Nas atividades de caridade, faz-se necessário criar cenários que são condizentes com as consciências que estão sendo socorridas: um pároco se verá em frente ao altar da sua igreja; o "caboclo" do interior nordestino se apraz numa mesa com farinha de mandioca e feijão; o esoterista ficará à vontade com um mago astrólogo; o umbandista aceita a benção da Preta Velha em ambiente de cânticos e pontos riscados; o espírita anseia o médico mentor nimbado de luz e a preleção de cunho evangélico doutrinário. As formas de pensamento são manipuladas de acordo com a necessidade de cada um, como se fosse uma peça teatral em que o cenário é trocado muitas vezes. Em espíritos mais densificados, feridos, deformados, com sede e fome, o ectoplasma dos médiuns serve para recompor membros, plasmar instrumentos cirúrgicos, água e alimento tão "sólidos" que são reais para esses socorridos como se encarnados estivessem.

Pergunta: Como é criado um quadro ideoplástico clarividente e para que serve?

Ramatís: Diversamente dos cenários utilizados para o socorro, os quadros ideoplásticos clarividentes são criados para nos comunicarmos com os médiuns durante os atendimentos socorristas. Sendo assim, a visão de uma mata simboliza ervas astrais e é potencializada com os cânticos de Oxóssi. Uma cachoeira pode significar a criação de um campo de força de limpeza de um determinado ambiente espacial, como, por exemplo, a casa do consulente que está sendo atendido. Com essa informação transmitida pelo médium, o dirigente dos trabalhos inicia uma pausada contagem de pulsos magnéticos, fortalecendo esse quadro, e o elemento água serve para as falanges de Caboclas Iaras e de Mamãe Oxum atuarem. De outra maneira, um quadro visual de felicidade – uma casa no campo, mãe e filha abraçadas, um aperto de mão entre irmãos, um jardim florido – serve como painel "vivo" que é fixado por meio da polarização de estímulos de memória no socorrido, inclusive desencarnados.

Considerem que necessitamos do ato volitivo do médium no trabalho socorrista. Os pensamentos do instrumento mediúnico que comandam a sua vontade são utilizados pelos Guias e benfeitores e direcionados a determinados pontos focais, espécie de cenários previamente criados. O conjunto desses fatores – o ato volitivo do espírito do médium associado ao poder mental dos trabalhadores do lado de cá – é potente plasmador das moléculas astrais que abundam, como fluido cósmico, na faixa vibratória em que o socorro está se dando. Sendo assim, conseguimos canalizar com precisão o ectoplasma às formas de pensamento do grupo, manifestadas no plano astral, em que nos apoiamos para chegar até os que serão socorridos. Obviamente o sensitivo que se encontra desdobrado "vê" o quadro clarividente necessário para a tarefa que está sendo levada a efeito, mas não "enxerga" todas as atividades envolvidas, sob pena de excessivo cansaço mental, pelo aumento gigantesco das conexões cerebrais. O cérebro, órgão físico, como se fosse um transformador de voltagem, em cada sensitivo tem uma carga que consegue suportar sem sofrer dano.

Pergunta: Para nosso melhor entendimento, gostaríamos de alguns exemplos de quadros ideoplásticos criados pelos Guias espirituais que influenciam o ato volitivo do médium clarividente. Além disso, pedimos maiores explicações sobre como isso auxilia os trabalhos socorristas no Plano astral.

Ramatís: Esses quadros ideoplásticos criados pelas mentes dos espíritos desencarnados não influenciam só o médium clarividente, desde que haja o relato dos cenários visualizados aos demais componentes do grupo. Os painéis descritos pelo sensitivo tornam-se um símbolo para o apoio mental de todo o grupo, quando o dirigente encarnado os amplia pelas contagens pausadas de pulsos magnéticos. Isso efetivamente aumenta e fortalece a forma-pensamento grupal que se cria na área espacial que circunscreve a corrente mediúnica e que fica interpenetrada vibratoriamente com a localidade do astral inferior onde objetivam interceder. Assim o grupo sustenta e doa energia animal para a atuação do lado de cá, sem a qual, por diferença de densidade dimensional, teríamos sérios obstáculos para chegar até as regiões umbralinas. Algumas organizações terrenas acreditam, erroneamente, que toda a tarefa do médium deve ser meramente mental. Desconsiderar seu complexo fisiológico e a energia condensada que o mantém é como colocar famintos sem abridores de lata em meio a um depósito de alimentos enlatados impossíveis de abrir só com as mãos dos esfomeados.

O sensitivo enxerga para vibrar e doar energia: enxerga um tornado que vai desintegrando as construções de uma cidadela abandonada quando se quer o seu ato de vontade para os desmanchos; um local sujo e viscoso quando se requer a limpeza astral; esfarrapados desnutridos para serem alimentados; soterrados em destroços para serem removidos; o laboratório do mago negro que precisa ser implodido com todas as suas aparelhagens; a base da organização malévola com todas as suas armas que igualmente será desintegrada; uma esfera de luz amarela girando em intenso sentido anti-horário que deve ser seguida para o retorno ao corpo físico – entre outras formas-pensamento plasmadas para despertar o ato volitivo dos médiuns.

Pergunta: O Artificial é uma forma-pensamento que existe numa dimensão espaçotemporal restrita ou tem consciência e livre-arbítrio de ação e vontade? A única alternativa para um Artificial é a "destruição" ou ele pode ser aproveitado nos trabalhos para o bem?

Ramatís: As formas de pensamento tendem a desfazer-se nos sítios vibratórios da natureza que lhes são afins. As tempestades terrenas nada mais são que higienizações coletivas da aura planetária levadas a efeito pelos espíritos que têm essa tarefa. O Artificial é uma forma-pensamento ou corpo etéreo sequestrado e manipulado para o mal, anomalia oriunda da mais nefasta magia negra. Não tem consciência nem livre-arbítrio, embora gere ação e apresente "vontade" pela poderosa indução mental do mago negro.

As formas de pensamento e os quadros ideoplásticos que são costumeiramente utilizados nas atividades socorristas têm existência restrita, ocorrendo somente durante a atividade dos mentores espirituais. São imediatamente desfeitos após os labores de caridade que levamos a efeito. Fugiria à finalidade dessas manipulações energéticas se ficassem vagueando a esmo, já basta a poluição do orbe existente no plano físico. Há que se considerar que nas estações socorristas transitórias nas zonas subcrostais existem técnicos do lado de cá especializados na criação de formas-pensamento, mas que são circunscritas aos campos vibratórios dessas localidades, como as aparelhagens que são utilizadas estritamente nas salas de cirurgia dos hospitais da Terra.

Pergunta: Podemos afirmar que os Exus, por serem agentes universais da justiça cármica, não atuam somente no seio da Umbanda?

Ramatís: As leis da natureza que validam o intercâmbio entre as dimensões espirituais e que têm na mediunidade importante ferramenta de trabalho não se encontram grampeadas às doutrinas e religiões da Terra, muito menos às suas precárias considerações morais. A espiritualidade como um todo abarca todos vocês, e a cada um é dado de acordo com sua capacidade de entendimento. Evidentemente que a sinagoga, a igreja, a loja, o centro, o terreiro ou o templo são meras denominações que localizam os homens em seus ideais espirituais. Nesse sentido, o Exu da Umbanda é o mesmo em todos os lugares.

Quantos obsessores são deixados à solta após a preleção evangélica na mesa mediúnica e são retidos durante os trabalhos noturnos das falanges espirituais, agora denominados guardiões? E a guarda a postos nas entradas das igrejas e dos centros, o que é? E o guardião do entreposto socorrista das zonas abissais que mantém retidos espíritos violentos e maldosos, tão bem descritos nas obras mediúnicas de abalizados espíritos – como André Luiz –, onde se formou, como foi preparado, qual o seu comprometimento cármico para atuar nessas paragens, está sozinho ou faz parte de uma legião? A espiritualidade, entrelaçada em prol do amor que liberta e socorre, tolera os homens em suas divisões mesquinhas e posturas sectárias, sabiamente aguardando o momento em que cada consciência entenderá em amplo sentido a atuação dos espíritos benfeitores que auxiliam todos no orbe.

Pagamento pelo benefício dos espíritos e o fracasso dos médiuns

Pergunta: Existem pessoas que acreditam que se não pagarem para obter um benefício dos espíritos nada conseguirão. Afirmam que trabalhos "fortes" são pagos. Quais as suas considerações a respeito?

Ramatís: O imediatismo dos homens leva-os a tudo obterem com o mínimo esforço. Se não houvesse quem pagasse na crosta planetária, qual escambo em balcão que tudo resolve, não existiria quem recebesse do lado de cá. Observem todas as guerras que ocorreram e compreenderão que por detrás de motivos religiosos e territoriais sempre se escondeu o interesse do ganho, que se acelera pela imposição da força.

Quanto aos trabalhos "fortes", aqueles mais visíveis aos olhos terrenos, como arrumar namorada, afastar o colega do emprego para garantir a tão almejada promoção, conseguir emprego e toda sorte de satisfações do ego inferior e do sensório, é certo que os "trabalhos" pagos pelas baixas vibrações, que não consideram o merecimento cósmico e o livre-arbítrio de cada cidadão, serão de valia para obtenção desses resultados mundanos, que aparecem rapidamente. Sobejam do lado de cá legiões e legiões de "despachantes", verdadeiros agentes de negócios ávidos para desembaraçar as "amarrações" comezinhas dos pobres e frágeis encarnados. É a forma com que conseguem manter suas cidadelas no astral inferior. Por meio do pagamento, das vibrações de satisfação daqueles que recebem a serventia de seus serviços, aliadas a toda sorte de despachos e sacrifícios animais, é que alcançam o combustível do plano físico, denso, para se fortalecerem nas suas organizações.

Embora essas ligações vibratórias, simbióticas, com os frios agentes de negócios das sombras façam aparecer rapidamente os resultados, estes não são perenes, havendo sempre a necessidade de reforços e outros trabalhos, sob ameaça de "tudo desandar". Ou seja, após o primeiro pagamento, vê-se o consulente descuidado do esforço hercúleo da reforma íntima constrangido a cada vez pagar com mais regularidade para que sua vida não se torne um "inferno astral". Fica privado de manter em definitivo os benefícios, eis que aqueles que oferecem a satisfação imediata sem maiores esforços também podem a qualquer momento tirá-la, num "estalar de dedos", e implantar o caos, como se o feitiço virasse contra o feiticeiro.

Pergunta: E quanto aos diretores que cobram pequenos valores pelos trabalhos espirituais, dizendo ser para a manutenção geral do centro, alegando que as sobras pecuniárias são para auxiliar os necessitados? Certos dirigentes ainda fazem cursos para os médiuns, de cromoterapia, bioenergias, chacras, radiestesia, entre outros, regiamente remunerados, até com certificados, dizendo serem pré-requisitos para o exercício mediúnico.

Ramatís: Uma vez que se encontram no plano material, entendemos a necessidade das benfeitorias físicas para abrigar os trabalhos assistenciais, no entanto é preciso desvincular as moedas requeridas para a manutenção do centro das atividades mediúnicas.

É justo que os consulentes habituais, possíveis futuros sócios, sejam sensibilizados para a contribuição mensal com a boa ordem da casa, salão e poltronas limpas, boa iluminação e asseio geral, mas nunca condicionados a este ou àquele atendimento espiritual.

O conhecimento é mola válida para ampliar o discernimento que dá segurança a todos os médiuns. Contudo, sendo inesgotável o campo de estudo e aprendizado, alguns deixam-se levar pela ansiedade e impaciência, e algo voláteis, como pólen que não se mantém no ar nas manhãs primaveris, são levados pela brisa dos "entendidos". Mediunidade não recebe títulos, graus iniciáticos, certificados e distinções honoríficas. Quando isso se dá, instalam-se no grupo as distinções formalizadas, e mesmo ocorrendo curas pela cobertura dos bons espíritos em respeito à inocência e à fé dos adoentados que buscam amparo, o resgate das dívidas pregressas do medianeiro se paralisa, conduzindo-o inevitavelmente ao bolor da vaidade. Sorrateiramente esta vai se enraizando, sobrevém o enfado das responsabilidades exageradamente assumidas pela ânsia inicial de mostrar capacidades mediúnicas, advindo com o tempo a derrubada de muitos médiuns.

Os "dons" mediúnicos foram dados a vocês de graça, portanto gratuitamente devem ser exercitados. Nenhum valor pode ser cobrado dos atendidos. Da mesma forma, não paguem para obter algo que não está em vocês. Os pré-requisitos para o intercâmbio com o Além são oriundos dos refolhos da alma, que, sendo milenar e anterior ao corpo físico, anima a personalidade atual.

O cérebro físico do ente, não tendo vivenciado a anterioridade de todas as experiências do espírito imortal, se "esquece" facilmente do passado tenebroso, assim como o quanto foi implorada a sensibilização do corpo astral pelos mestres cármicos para "voltar" como instrumento mediúnico ao campo de batalha da Terra. Foi condição plenamente aceita pelo ser reencarnante e concessão justa para catapultá-lo novamente ao trilho evolutivo.

Pergunta: Há os que afirmam que para determinados "trabalhos" se faz necessária a contratação dessas entidades, "despachantes" do astral inferior, dizendo que esse procedimento é garantia de segurança para os médiuns não receberem revides e assédios dessas organizações do baixo umbral, que as entidades contratadas darão cobertura e segurança. O que pode nos dizer sobre essas assertivas?

Ramatís: Nenhum espírito esclarecido do Astral Superior impõe quaisquer procedimentos descabidos como norma de segurança ao quadro mediúnico, muito menos para proteção dos revides do Umbral inferior, sabedores que são de que as fortalezas das almas estão no interior de cada uma, alicerçadas no amor, na humildade e no desinteresse dos médiuns.

Realmente, quando o medo se instala em seus corações, decorrência de suas consciências pesadas pela necessidade da reforma moral inacabada, que ainda exige grandes esforços, parece algo eficaz e imediata a negociata com o astral inferior, que se movimenta rapidamente para protegê-los dos assédios que são propiciados pela própria invigilância. Aí propicia-se terreno fértil para eles, profundos conhecedores das artimanhas das trevas, *experts* da psicologia humana e dos códigos de conduta distorcidos que regem os acordos e os territórios de atuação de cada organização trevosa da subcrosta terrícola.

Quando observarem que uma agremiação terrena, que diz praticar a caridade no campo do mediunismo, adota condutas semelhantes às mencionadas, sacudam o pó de seus pés e continuem na estrada buscando paragens em que as traças ainda não roeram o fino tecido da mediunidade. Saibam que, para os olhos da justiça divina, todas as coisas são manifestas diante dos céus. Não mintam para si mesmos e não façam nada censurável por sua consciência. Querem saber o que o futuro está destinando a vocês? Observem os princípios que movem sua vida no agora.

Pergunta: Já presenciamos alguns diretores terrenos baixarem normas em seus centros desautorizando médiuns que ainda comem carne de trabalhar, inclusive nos passes, alegando seguirem seus ensinamentos sobre a alimentação carnívora e o vegetarianismo para justificar essas medidas. Deve-se proibir os médiuns que são carnívoros de participar ativamente dos trabalhos mediúnicos?

Ramatís: Sem dúvida, somos de opinião que é contraproducente o médium sentar-se à mesa espírita ou apresentar-se à corrente de Umbanda poucos minutos depois de farto banquete de cortes mal passados, quando não de miúdos, fígados, moelas, corações e intestinos dos irmãos menores do orbe, finamente temperados. Nos trabalhos de orientação psicográfica dos mentores no centro espírita ou de consulta na casa de Umbanda com os Pretos Velhos e Caboclos, Guias e Protetores, os resíduos metabólicos desses glutões repercutirão etereamente em suas auras, tornando-as densas e pesadas, próprias para a sintoma com o astral inferior, com espíritos sofredores, sedentos desse tipo de "alimentação" fluídica. Nesses casos, entendemos ser de bom senso que os médiuns, exauridos e sonolentos de tantas iguarias de baixas vibrações, evitem trabalhar no estado lastimável em que se apresentam, pois somente darão "trabalho" aos benfeitores do lado de cá, que terão que isolá-los das atividades de caridade programadas para o dia.

Acreditamos de bom alvitre, dentro dos preceitos do Cristo, de convivência fraterna e amorosa, que sejam orientados pelos diretores terrenos para se absterem da alimentação carnívora, se não continuadamente, por falta de ânimo e preparo, ao menos no dia do trabalho mediúnico, o que fica distante de proibições definitivas.

A mudança do milenar condicionamento alimentar arraigado no ser humano deve ser gradativa e sem traumas, o que aliás foi nossa sugestão explícita em obra anteriormente ditada*, na qual não

---

* "Não sugerimos a violência orgânica para aqueles que ainda não suportariam essa modificação drástica; para esses, aconselhamos gradativas adaptações do regime da carne

preconizamos proibição aos médiuns, e sim descrevemos as dificuldades naturais que resultam no exercício mediúnico pela ingestão da carne. Em singela comparação, é como se a atividade mediúnica fosse a montanha a ser escalada, e o médium carnívoro decidisse fazer essa escala com uma bola de ferro atada aos pés e um fardo de pedras suspenso às costas.

O ideal é que haja, por parte dos orientadores terrenos, uma conscientização fraterna e racional, conduzindo seus médiuns a um esforço de iniciativa íntima, sem imposições que desrespeitem o livre-arbítrio e a consciência de cada um, para que consigam se abster de saciar a fome com os tecidos musculares e órgãos dos irmãos menores do orbe terreno. É oportuno lembrarmos que os fluidos pesados, saturados de miasmas e bacilos psíquicos, que abundam no processo digestivo e de metabolização orgânica das carnes bovinas e de porcos, entre outras, criam um ambiente psicoastral opressivo para os bons espíritos.

Nas atividades de socorro às comunidades umbralinas densas, apegadas sofregamente ao sensório, ao sexo, à comida, às drogas e a todos os excessos possíveis de quando estavam encarnados, tais médiuns acabam servindo de "iscas" para as turbas de dementados que se acotovelam em volta de suas auras como se fossem enxame de moscas. Temos que proporcionar retaguarda espiritual para esses médiuns não saírem servindo de "repastos vivos" após o término das atividades mediúnicas, socorrendo os espíritos destrambelhados que sugam seus fluidos etéreos malcheirosos dos restos de carnes digeridas, putrefatas nos intestinos do equipo físico.

Evidentemente que se todos na crosta planetária deixassem de comer carne, de escorrerem toneladas de sangue diariamente dos

---

de suíno para o da de boi, do de boi para o de ave e do de ave para o de peixe e mariscos. Após disciplinado exercício em que a imaginação se higieniza e a vontade elimina o desejo ardente de ingerir os despojos sangrentos, temos certeza de que o organismo estará apto pra se ajustar a um novo método nutritivo de louvor espiritual. Mas é claro que tudo isso pede por começar[...]" (Ramatís, 2006).

irmãos menores do orbe nos matadouros e cedessem à volúpia por guerras sanguinolentas que enodoam e se esparramam pela superfície terrena, as comunidades densas e igualmente sedentas desses fluidos pestilentos deixariam de existir, cessando assim a necessidade de socorro repetido nos moldes descritos.

Ressaltamos que suas condutas devem ser pautadas dentro dos mais elevados alicerces de fraternidade e tolerância tão bem enunciados no exemplo de Jesus. Esse mestre nunca desrespeitou as consciências, embora tenha contrariado muitos interesses com suas orientações libertadoras. Que nossos singelos comentários realizados anteriormente em outra obra sobre os vícios do álcool, do fumo e os malefícios da alimentação carnívora e as benesses do vegetarianismo sirvam de esclarecimento e despertamento das consciências, mas não se deixem levar por atitudes desrespeitosas entre irmãos de jornada evolutiva.

Observações do médium

Aos medianeiros que anseiam ampliar suas faculdades e aos obreiros dos grupos de Apometria, relatamos que nas lides apométricas tem se mostrado de inestimável valia o fato de termos abandonado a carne de nossa alimentação, processo que foi gradativo e que nunca nos privou de quaisquer atividades mediúnicas. Mais especificamente, estamos vivenciando uma melhora significativa nos desdobramentos, que culminou com a intensificação, regular, da percepção dos planos suprafísicos. Além de notarmos um aumento surpreendente da lembrança dos fatos ocorridos fora do corpo físico, principalmente no estado entre a vigília e o sono físico durante as madrugadas, sentimos que a sintonia e percepção mediúnica se ampliaram. Entre outros motivos, como, por exemplo, os decorridos dos amacis e das iniciações na Umbanda, com certeza isso também se potencializou pela sutilização do duplo etéreo, haja vista que cessamos de bombardeá-lo ininterruptamente com os fluidos densos e animalizados das carnes vermelhas.

Pergunta: Pedimos suas elucidações sobre as principais causas dos fracassos dos médiuns no seio da Umbanda. Em geral, como se dá a recepção dos intermediários "caídos" nas lides com o Além quando retornam à pátria espiritual?

Ramatís: A Umbanda, por não possuir uma codificação doutrinária que "padronize" seus rituais, usos e costumes litúrgicos no intercâmbio mediúnico, abriga um grande número de seguidores e adeptos. Assim como vai esclarecendo, confortando, promovendo a reforma íntima e evangelizando por intermédio das consultas individuais e assistência espiritual do plano astral Superior, dando alento a todos os necessitados, independentemente das crenças individuais, ao mesmo tempo sofre os desmandos de alguns filhos de fé umbandista que se deixam envolver pelo astral inferior e acabam praticando uma falsa Umbanda: com vaidade, ganho financeiro, oferendas descabidas e sacrifícios de animais.

Os médiuns vaidosos são os mais visados pelos ataques das sombras, sempre dispostos a atender os que se encontram com o ego exaltado. Pela característica das manifestações mediúnicas na Umbanda, é exigido aos médiuns um esforço contínuo no sentido de manterem a humildade, eis que não existe Guia mais "forte" do que outro, pois os critérios que levam à concretização dos pedidos dos consulentes independem do nome da entidade que assiste ao medianeiro, da sua hierarquia espiritual ou se está mais ou menos "incorporado" no "cavalo". O que leva a brisa benfazeja para os que buscam a Umbanda para a cura, o alento espiritual e até algumas questões que envolvam auxílio das falanges benfeitoras no campo material é nada mais que o merecimento, associado ao respeito do livre-arbítrio de todas as criaturas.

Esta é a maior dificuldade dos médiuns: discernir as fronteiras tênues do que intermediam com o Astral – se é adequado dentro das leis de equilíbrio e de causalidade que regem o carma de todos os seres. A ambição atiçada pelo ganho fácil e seguidamente provocada pelos elogios dos consulentes, que procuram agradar os médiuns em troca de favores, trabalhos milagrosos e toda sorte de ajuda que envolve as situações comezinhas da vida material, é como a ferrugem que lentamente e sem maiores esforços corrói fina ourivesaria.

A mais terrível combinação para um médium fracassar, além da vaidade e da ambição do ganho fácil, é quando ainda há a fraqueza do espírito pelo sexo. Seguidamente os homens encontram-se cercados de borboletas batendo suas asas coloridas; e as mulheres veem-se trespassadas por olhares brilhantes e pensamentos libidinosos dos companheiros desatentos. Quando não é o irmão ou a irmã de corrente mediúnica que se "apaixona" perdidamente pelo outro dizendo ser um "reencontro" de vida passada, são os consulentes assediados que se mostram como potentes "armas" para as organizações das trevas que procuram infiltrar-se no grupo. Qualquer desatenção, invigilância e fragilidade momentânea é motivo de quedas, na maioria das vezes definitivas. O exercício da mediunidade com as entidades de luz que labutam sob a égide da Umbanda é então suspenso; não cessa o trote do cavalo, somente muda o cavaleiro que o Guia.

Aquilo que é semeado é colhido, muitas vezes multiplicado pela repercussão que um desatino mediúnico causa aos seus familiares e dependentes. É deveras triste a situação dos medianeiros que perderam o trilho da caridade desinteressada quando retornam para o lado de cá. Imaginem a sintonia estabelecida pelo médium durante anos a fio de escambo mediúnico na crosta com as comunidades das trevas; estabelecem fortíssimos laços de imantação que várias encarnações sucessivas não dissolvem. O médium de outrora, que costumeiramente se utilizava de escravos para a execução dos pedidos remunerados dos consulentes ou desrespeitava o livre-arbítrio alheio em proveito próprio ou de outros, no momento em que se vê diante dos antigos executantes do plano extrafísico torna-se, agora ele e tão somente ele, escravo dos que antigamente lhe prestavam os serviços mais sórdidos do além-túmulo.

Pergunta: Quais as suas recomendações para que se mantenham as condições vibratórias e energéticas à "altura" dos Guias e Protetores? Por que isso é tão difícil, em alguns casos quase impossível, exigindo um esforço hercúleo?

Ramatís: A própria condição de existência na carne os torna frágil diante dos desafios da vida diária. A necessidade do ganho financeiro para o sustento, a competição, o estresse dos cidadãos, os congestionamentos do trânsito, a poluição do meio ambiente, o excesso de ruído, as drogas e os vícios em geral, a violência contínua e ininterrupta, dentre outros fatores, tornam a existência terrena um grande desafio para o espírito encarnado.

Os médiuns, por terem uma maior sensibilidade em relação aos planos suprafísicos, encontram potencializadas as suas agruras. Afora as questões existenciais ligadas à matéria – um filho fica doente inexplicavelmente, faltam as moedas para os alimentos e o aluguel da humilde casa, o chefe tirano persegue diuturnamente a esposa no trabalho, o automóvel com prestações vincendas é roubado em pleno dia, entre outros tormentos –, ainda têm que lidar com o mundo do além-túmulo, nada amigável, pois adversários de outrora tudo fazem para derrubá-los.

É preciso que os médiuns tenham em mente, de forma cordial, seus defeitos e suas fragilidades, não pretendendo parecer santos em convento. A verdadeira iniciação ocorre na luz do dia a dia, no redemoinho do mundo profano dessa sociedade hodierna, eivada de imoralidade, concupiscência, vaidade e sensualismo exacerbado. É quadro que se agrava entre os medianeiros, sendo eles os maiores obstáculos de si próprios por suas fraquezas da alma e pelas ressonâncias de vidas passadas que ficam intensificadas no labor mediúnico. O mecanismo de sintonia com o lado de cá, fundamental para o socorro dos estropiados do astral inferior, apoia-se em seus defeitos e reminiscências anímicas imorais – eis que semelhante cura semelhante. Antes de almejarem a contínua assistência vibratória dos Guias e Protetores, devem, gradativamente, ir expurgando suas nódoas por meio do trabalho socorrista continuado, "purificando-se" pelo atrito implacável do carma, que com suas ferramentas moldará a futura peça de ourivesaria para ocupar o cofre perene do Eu Superior.

Pergunta: Parece-nos que nos médiuns umbandistas os assédios são ininterruptos, como se tivessem que estar sempre prontos para serem atacados pelos magos negros e suas organizações a qualquer momento. Isso é verdadeiro?

Ramatís: Por atuarem diretamente no Umbral Inferior, situação que se intensifica neste início de Terceiro Milênio, pela necessidade urgente de higienização da psicosfera terrícola, os revides, as perseguições e os assédios das sombras são costumeiros. Sendo assim, fica a impressão de que os aparelhos umbandistas são costumeiramente atacados, situação que é verdadeira, o que não quer dizer que não haja proteção aos abnegados trabalhadores que se entregam à passividade mediúnica nos terreiros.

As características de trabalho dos médiuns da Umbanda exigem contínua cobertura vibratória das falanges protetoras do lado de cá. Os "confrontos" e as "demandas" contra as organizações das trevas são costumeiras, visto que a justiça divina se movimenta arduamente para as remoções de comunidades do além-túmulo cristalizadas no mal nesta Nova Era. Por absoluta falta de canais mediúnicos em outras egrégoras espiritualistas na Terra – tristemente verificamos a diminuição e até a completa desativação de trabalhos desobsessivos e de manifestação, pela psicofonia, de espíritos sofredores –, cada vez mais os espíritos benfeitores do Astral Superior utilizam os medianeiros da Umbanda e da Apometria. Para a espiritualidade, entretanto, essa nomenclatura pouco importa. Preocupamo-nos com a tarefa a ser realizada, assim como procedia o Cristo-Jesus na sua estada na Terra.

Pergunta: O que é um médium magista? Há características específicas de sua educação mediúnica que devam ser abordadas neste momento consciencial da coletividade humana?

Ramatís: Considerando que todos vocês são espíritos milenares, com pesada bagagem sendo transportada pelo trem das encarnações sucessivas, obviamente o ser com grande envolvimento na prática da magia negra em vidas passadas se vê comprometido com as energias telúricas do planeta, no campo do mediunismo assistencial. O dito médium magista tem seus chacras sensibilizados, como verdadeiros núcleos que vibram muito próximo das energias dos quatro elementos, do ar, da terra, do fogo e da água, e que têm suas contrapartes nos sítios vibracionais próprios da crosta terrestre, ou seja, nas cachoeiras, matas, nos mares, rios, campos, bosques. Seu tônus fluídico foi especialmente manipulado pelos técnicos do astral para que o seu conjunto físico-etéreo de encarnado sirva de complexo condensador energético, que pelo ectoplasma próprio abundante e peculiar seja instrumento dos amigos espirituais que lhe darão cobertura. Eles o acompanharão como Guias e Protetores, potencializando a capacidade mediúnica do instrumento encarnado no amplo trabalho de caridade contra a magia negra e as organizações trevosas das zonas abissais da Terra.

Esse tipo de médium, na sua grande maioria, tem enormes provações durante sua encarnação. Os espíritos que o assistirão, auxiliando-o no reajustamento cármico, são seus companheiros ancestrais. Todos evoluem nessa ligadura vibratória que se forma entre aparelho mediúnico e entidades do Astral. Como esse médium lidará com a magia, ao contrário dos médiuns espíritas que atuam "meramente" numa faixa mental, terá que se recompor energeticamente com certa periodicidade, pelo risco de esgotamento do seu sistema nervoso e físico. Faz-se necessário o contato regular com as Forças da Natureza, os banhos de ervas, as defumações, seguindo certos parâmetros em relação às influências astrológicas que presidem seu equilíbrio energético, de acordo com os Orixás que o regem.

Isso é necessário para que consiga desfazer talismãs e amuletos que vibram etericamente no campo dos consulentes, desmanchar trabalhos de feitiçaria, bem como atender às solicitações de cura, de orientação e auxílio de ordem humana, tudo sendo realizado por meio dele próprio, médium, como condensador e instrumento dos Guias e Protetores, dentro dos rituais próprios da Umbanda.

Pergunta: Quanto à sensibilização e educação do médium encarnado, não são suficientes a moral e o Evangelho do Cristo interiorizado para a percepção mediúnica com seus Guias e Protetores?

Ramatís: Sem dúvida o Evangelho do Cristo é plano de viagem seguro para o navegador no mar revolto da mediunidade durante a vida carnal, conduzindo-o a portos serenos no decurso da longa e tempestuosa travessia do ciclo reencarnatório. Há que se considerar que a sensibilização do espírito e sua educação para o amor incondicional requerem que se submeta o ego inferior à razão fortificada pela moral crística, sendo que o maior desafio não é o conhecimento, e sim a interiorização dos conteúdos evangélicos no modo de ser do espírito imortal.

Como a prática mediúnica na Umbanda envolve sutis energias no campo da magia dos quatro elementos planetários – ar, terra, fogo e água –, expande-se sua mecânica para fronteiras além da moral e do Evangelho, pois requer comprometimento de vidas passadas e sintonia entre consciências, uma corpórea e várias outras extracorpóreas. Os chacras de todos os corpos sutis devem vibrar e estar alinhados de tal maneira que mantenham o fluxo energético harmônico em todo o complexo físico-etéreo, astral e mental, na mesma faixa de sintonia dos espíritos comunicantes, que se ligarão nesses núcleos durante o desacoplamento dos corpos, em especial o astral, para a comunicação mediúnica.

Levando em conta o compromisso socorrista e a necessidade premente de higienização das zonas abissais do planeta, os médiuns umbandistas atuam com mais desenvoltura no Umbral inferior, ao mesmo tempo que se lhes impõe enorme exigência de elasticidade mediúnica para atuarem em várias frequências, em grandes e baixas amplitudes de ondas eletromagnéticas, desde o Preto Velho que os influencia numa faixa mental até as catarses que liberam a quota de energia necessária para os socorros nas faixas que o trabalho socorrista requer. Sendo assim, é comum os aparelhos que servem ao lado de cá se ressentirem energeticamente de tempo em tempo, o que justifica os amacis e assentamentos vibratórios realizados com ervas previamente maceradas, com certa regularidade, para a perfeita renovação sintônica com os Guias e Protetores. É como se fosse providenciada uma intensificação das ondas de um rádio emissor utilizado no envio de relatos para a estação receptora, a fim de melhorar a qualidade retransmissora do canal de comunicação com o lado de cá.

Pergunta: Por que na Umbanda se utilizam ervas e se realizam iniciações na natureza? Afinal, o que é um amaci?

Ramatís: As ervas utilizadas e as iniciações nos locais vibrados da natureza da Terra têm por finalidade a renovação energética, o alinhamento dos chacras e a adequação do fluxo vibratório destes, nos diversos corpos sutis, aos chacras dos Guias e Protetores de cada médium, que também os possuem, tanto no corpo astral quanto nos seus corpos mentais. Há uma espécie de junção nesses vórtices vibratórios, entre dimensões de frequências diferentes, o que requer imenso rebaixamento das entidades comunicantes, exigindo da parte dos encarnados elevação moral e harmonia como maneira de aumentar o tônus vibratório a ponto de os chacras se "encaixarem".

Os chamados amacis nada mais são do que o uso de ervas, em que princípios astral-magnéticos que as influenciam e as ligam vibratoriamente com as energias dos quatro elementos planetários, do ar, da terra, do fogo e da água, são adotados para a complementação energética dos médiuns. Não são quaisquer ervas, usadas aleatoriamente. Quando assim ocorre, prepondera somente a boa vontade dos diretores e a autossugestão do médium, como uma espécie de placebo medicamentoso. Efetivamente, os princípios químicos em regência vibratória astrológica afim não são liberados adequadamente, tornando-se inócuos nesses casos os "amacis". É fundamental que as ervas estejam alinhadas vibratoriamente com a astrologia e com os Orixás que influenciam os médiuns, para o efeito de se fortalecer a ligadura por meio dos chacras durante as manifestações dos Guias e Protetores.

Claro está que a ancestralidade e a própria sensibilização do corpo astral do médium pelos técnicos siderais antes de reencarnar são fundamentais para o sucesso das lides medianímicas no seio da Umbanda, que vai além do intercâmbio meramente mental, só pelo pensamento.

Relato de caso 1

Consulente: LTJ
21 anos
Sexo masculino
Solteiro
Católico

História clínica

Apresenta depressão continuada. Com dificuldade de convívio social, inclusive com os familiares, mostra-se ausente e distante. Embora não seja agressivo, violento com os outros, sente muito ódio dos parentes e desejo de matá-los. Seguidamente está com vontade de dormir, e durante o sono vivencia estímulos oníricos. Ultimamente seus sonhos têm sido assustadores: vê-se pregado pelas mãos e pés num tipo de estrado de madeira e algo se aproxima de sua boca e o suga sofregamente, como se fosse um beijo de filme de terror, deixando-o muito fraco e desanimado. Tem visões em estado de vigília, durante o dia, o que o está perturbando a ponto de confundir a realidade com as imagens que enxerga e escuta. Sente-se culpado pelas coisas ruins que faz, pela vida e pelo fato de existir. Pensamento fixo, monoideia de suicidar-se. Já teve três tentativas de suicídio recentes – afogamento no mar, coquetel de álcool com Diazepam e corte nos pulsos. Está fazendo tratamento desobsessivo em um centro espírita tradicional, tendo chegado até nosso grupo para, ao mesmo tempo, ter atendimento apométrico, por indicação dessa outra casa.

Diagnóstico

O consulente tem fortes laços de imantação de vidas passadas com comunidade do Umbral inferior perdida no tempo, que lida com a magia negra há milênios. Na época áurea das civilizações Maia e Inca, por mais de uma oportunidade foi sacerdote, realizando cultos com sacrifícios humanos de crianças para perpetuar sua longevidade física e dos que o seguiam – tomavam o sangue e comiam as vísceras cruas em oferecimento a uma certa "divindade" que em troca lhes oferecia vida longeva na carne. Pelo uso continuado da magia negra em proveito próprio, intensificou em si a altivez, o despotismo e o egoísmo. Ao mesmo tempo em que fez muitos inimigos nessas encarnações, intensificou ligações odiosas com os desencarnados que o serviram enquanto estava imerso no corpo físico, pois continuou sendo déspota no período entre as vidas, em que pelo seu elevado poder mental escravizou muitos servidores no além-túmulo. Hoje estando encarnado no meio de inimigos de outrora, sente-se isolado e sem ânimo, pois não detém o poder de antigamente. Enlaçam-se em seu redor, nos planos físico e oculto, vingadores ferrenhos que almejam seu desencarne neste momento em que seu passado de mago negro está adormecido e temporariamente esquecido nos profundos porões do inconsciente.

Atendimento, técnicas e procedimentos

Após o desdobramento induzido do consulente, constatou-se um bolsão de espíritos sofredores na sua residência e em seu dormitório: entidades com facas ferindo-o, soterrados em mina escura; centenas de crianças sacrificadas dementadas chorando a sua volta, vários pais e mães querendo matá-lo para vingarem-se dos filhos assassinados, outros sacrificados com muitas dores e ferimentos etc.

Todos foram socorridos por intermédio de um campo de força triangular e pontos cantados de Ogum. Ao mesmo tempo, invocaram-se o elemento fogo e as salamandras para o centro do triângulo e entramos na faixa vibratória de Obaluaê, oitavo Orixá da Umbanda, ainda desconhecido da maioria dos umbandistas, atuando em vibrações de cura. Nesse momento, os Guias do astral que dão apoio ao grupo realizaram a libertação do corpo etéreo do consulente, que se encontrava "sequestrado" por uma antiga e portentosa organização de magia negra da época dos Maias e Incas, que na falta dos sacrifícios de crianças humanas para se nutrirem de fluidos animalizados propiciados pelo sangue quente derramado, tiveram que se especializar no "sequestro" de duplos etéreos de recém-mortos e de vivos sobre os quais têm controle, pela união vibratória em rituais iniciáticos de magia negra no passado remoto.

Terminada a libertação do corpo etéreo, os Guias ainda na vibração de Obaluaê interferiram na rede neuronal do consulente, alterando a malha sináptica, ao mesmo tempo fazendo uma reprogramação nas suas ideações e no fluxo de pensamento por meio do corpo mental, o que não temos palavras em nosso vocabulário terreno para descrever a contento. É como se alinhassem todos os corpos sutis, e a via em que os pensamentos fluem desde a mônada espiritual fosse uma estrada com vários pedágios cármicos até o destino de chegada no plano denso e material, sendo liberadas as passagens, os obstáculos e ruídos até a repercussão vibratória no cérebro físico.

Quase ao término do atendimento, com os cânticos de Oxóssi, efetuou-se despolarização de estímulo de memória "desligando" o consulente da comunidade do umbral inferior em que estava sintonizado por traumas de vidas passadas. Por fim, protetores da linha de Oxalá, do Oriente, criaram intenso campo de força em forma de cilindro esmeraldino em volta da aura, "fixando" os corpos sutis do consulente para que não se desdobrassem com tanta facilidade.

Orientação

Assistência médica, psiquiátrica, foi recomendada como imprescindível, eis que o paciente apresenta descompasso neuroquímico, o que é uma evidente somatização da ressonância com o passado e do desalinho no fluxo de ideações e pensamentos provindos dos corpos mais sutis e da mente monádica, espiritual, extrafísica. Deve continuar com o atendimento desobsessivo no centro espírita que frequenta, assistindo palestras e tomando passes magnéticos. Foi orientado a iniciar a frequência em grupo de educação mediúnica.

Conclusão e histórico espiritual

Por um mecanismo de retorno, o sacerdote-mago negro sacrificador de ontem, no hoje é objeto de vampirização daqueles que o serviram. A organização que ainda se mantém vibratoriamente no astral inferior volta-se contra seus antigos asseclas, servidores e comparsas, com a finalidade de perpetuar sua existência. Comprova-se a sabedoria das leis de causa e efeito e a justiça do encadeamento cármico que une consciências em blocos evolutivos: o mandatário poderoso de ontem vê-se como instrumento do mal que ele mesmo ajudou a criar e fortalecer. Os ritos e as iniciações que mexem com as energias da natureza e planetárias no campo da magia usada para o mal marcam nos corpos sutis intensas lesões, como se fossem nódoas vibratórias que reverberam intensamente.

Às vezes, requer-se várias encarnações em que o pesado invólucro carnal nada mais será que mero curativo que auxiliará na cicatrização da ferida purulenta demarcada na contextura dos corpos sutis e que, por várias oportunidades, terá que ser trocado para o expurgo pútrido nos planos mais densos, por meio dos pesados e transitórios veículos etéreos e físicos.

O consulente, afora ressonância com vidas passadas, apresenta sensibilidade mediúnica. A auto-obsessão, esse transtorno anímico que por sua vez antecede a formação de núcleo obsessivo complexo, com vampirismo fluídico, tende a desaparecer por completo se o consulente persistir na sua educação consciencial e imprescindível reforma íntima, cessando o atual quadro tormentoso. O que se realizou no atendimento do grupo de Umbanda e Apometria foi propiciar uma trégua para que o assistido consiga se fortalecer em seu abalado discernimento e possa decidir seus caminhos diante das opções que ora foram apresentadas a ele.

Como tantos de nós, hoje médiuns, LTJ tem compromisso com a mediunidade de cura pelo exercício da sua sensibilidade psíquica, como maneira justa de recompor-se com as leis cósmicas e retomar a trilha da evolução, inexorável a todos no Universo.

Observações do médium

Quando estávamos recepcionando o pensamento de Ramatís durante a elaboração do segundo capítulo, fomos surpreendidos pelas informações praticamente inéditas, ao menos para o nosso escasso conhecimento e pela ausência de registro na literatura ocultista, espiritualista, esotérica e espírita que até então tinha nos chegado em mãos, sobre os "sequestros" de corpos etéreos e os ritos de magia negra envolvidos. Na Apometria havíamos tido alguns relatos superficiais de colegas de outros grupos, mas ainda não tínhamos presenciado nenhuma experiência mediúnica nesse sentido durante os trabalhos.

Como somos médiuns conscientes, temos clara rememoração dos pensamentos que nos fluem pelo cérebro físico provindos da mente desse mentor durante o ato de escrever. Conquanto nos imponhamos enorme esforço para aquietar e esvaziar o nosso agitado psiquismo para conseguirmos sintonizar com esse espírito, amenizando ao máximo a nossa interferência, somos seguidamente orientados por ele para rotineiramente colocarmos sob o crivo da razão e do bom senso tudo que vem do lado de lá sob a chancela do nome-mantra Ramatís. Pelo ineditismo do tema, ficamos um pouco inseguros sobre a eficácia e limpidez da nossa recepção mediúnica.

Alguns dias após a escrita desses conteúdos "novos", por intermédio da visão astral – um tipo de clarividência –, como se aumentasse de tamanho e se tomasse de cores vivas e luminosas, apareceu um livro na prateleira de uma livraria aqui de Porto Alegre: *O plano astral*, do conhecido clarividente e teosofista C. W. Leadbeater (1998). Para nossa surpresa e convencimento, encontramos referência sobre a magia negra utilizada para manipular os corpos etéreos desligados dos invólucros carnais. Transcrevemos uma parte do texto em questão:

> "Depois da morte do corpo físico o duplo etérico é abandonado e exposto a uma lenta desintegração [...]. Este invólucro etérico não vagueia daqui para ali [...]; conserva-se a uma distância de alguns metros do corpo físico em via de decomposição. Como é facilmente perceptível por qualquer pessoa, mesmo levemente sensitiva, é ele a origem das histórias correntes sobre espectros e fantasmas que aparecem nos cemitérios. Qualquer criatura psiquicamente desenvolvida, ao atravessar um dos nossos cemitérios, pode observar às centenas essas formas azuladas, com aparência de vapores, flutuando sobre as campas daqueles que recentemente deixaram. E não se pode dizer que o espetáculo seja muito agradável, visto elas se acharem, como os seus duplicados físicos enterrados, nos vários graus de decomposição.
>
> Como o invólucro ou casca astral, esta espécie de invólucro é absolutamente desprovida de inteligência e de consciência, e apenas

pode ser trazida a uma espécie de simulacro de vida, sempre hedionda, por um desses repugnantes ritos de uma das piores formas de magia negra, de que é melhor não falarmos."

O "sequestro" do corpo etéreo de um encarnado não quer dizer seu distanciamento do corpo físico em estado de vigília, o que não seria da natureza, pois se assim fosse haveria a inconsciência total e um estado de torpor letárgico de sono profundo. Em geral, nessas situações, o duplo etéreo fica desacoplado 30 a 40 cm por forte magnetismo de baixa vibração induzido pelo mago negro e interposto em campo vibratório numa espécie de encapsulamento, numa área espacial de no máximo 3 a 4 metros em torno do corpo físico do encarnado. Isso é tão verdadeiro que verificamos, pela clarividência, que quando alguns dirigentes dão os comandos de pulsos magnéticos conduzindo o corpo etéreo para os hospitais do astral, ocorre algo simétrico: um rebaixamento vibratório da equipe de médicos que vêm até a área do plano físico que envolve o encarnado, como que encapsulando-o em espécie de ala socorrista avançada, na mesma distância que citamos anteriormente, sendo no máximo de 5 a 6 metros. Obviamente, iniciações no campo da magia negra fortalecem os laços de imantação entre o iniciado de outrora e o mago negro do Além de hoje, facilitando o intento nefasto das sombras pela similaridade de vibrações.

Em relação ao sequestro do corpo etéreo durante o sono físico, é como se experimentássemos uma vida de "morto" ao dormir e esse duplo "descesse", conduzido pelos técnicos especializados dos magos negros, até algumas paragens densas do Umbral inferior e símiles do magnetismo telúrico da crosta planetária, o suficiente para ser sugado. Acordamos cansados, sem energia, com dores no corpo em geral, sem ânimo. Quando acordamos de manhã, o corpo etéreo está acoplado ao complexo dos demais corpos sutis.

Quanto aos recém-desencarnados, de fato, sabemos que a imoralidade e o apego às coisas materiais e sensórias da carne estabelecerão um maior prazo para que se desintegre naturalmente, podendo levar até em torno de 40 dias, mais ou menos. O que os magos negros fazem é literalmente sequestrar esses cascões astrais, restos fluídicos dos cemitérios em grosseiros formatos humanos, e manipulá-los por meio de rituais adequados para lhes darem sobrevidas, produzindo os nefastos Artificiais, muito específicos, que serão utilizados nos enfeitiçamentos contratados pelos obsessores de aluguel de todas as procedências, como nos esclareceu Ramatís no primeiro capítulo deste livreto.

A palavra "sequestrado" quer dizer apreendido, preso; necessariamente não quer dizer longe, distante do local da apreensão. Observem que um sequestrado em sua casa pode ser mantido preso no banheiro, mas continua em casa.

Parte 2
A expansão das capacidades psíquicas e as experiências extracorpóreas

Aspectos psíquicos da experiência mística

Pergunta: Gostaríamos de saber algo a respeito da dificuldade vibratória de os Guias e Protetores aproximarem-se dos médiuns. Como é levado a efeito no Plano Espiritual esse "casamento" fluídico, que chamou anteriormente de sensibilização do corpo astral?

Ramatís: A "ligação" de um médium com um espírito que lhe dará assistência, seja mentor, protetor ou guia, é construída durante várias encarnações e períodos entre essas vidas, quando está desencarnado, assim como nas encarnações sucessivas. A ancestralidade determina as vibrações afins que se aproximarão num mesmo ideal evolutivo, eis que ambos, espírito desencarnado e encarnado, evoluem. É certo que o preparo e a visão do espírito liberto da matéria grosseira ficam ampliados, mas não infalíveis, pois a perfeição absoluta só existe no Cosmo em Deus.

Quando verificamos médiuns oradores se emocionarem diante das plateias hipnotizadas ao afirmarem que este ou aquele espírito continua neste planeta, mesmo tendo alcançado a passagem de ida para outros planetas mais evoluídos, entendemos o amor que moveu tais espíritos, irmãos de jornada, na decisão de permanecerem na Terra, mas não entendemos a exaltação gloriosa em que os homens os colocam. Como se não houvessem entidades espirituais de orbes ainda inimagináveis a vocês que se impõem imenso rebaixamento vibratório para vir dar consulta, humilde e anônima, plasmando corpos astrais de Pretos Velhos ou Caboclos nos terreiros de Umbanda, ou para atuarem nos recônditos do Umbral inferior por meio das estações socorristas intergalácticas.

É importante entender que dificuldade vibratória de aproximação com a aparelhagem mediúnica não quer dizer distanciamento. Urge, no planeta, que se intensifiquem as intervenções higienizadoras nas baixas zonas abismais da psicosfera. Ora, mesmo previsto pelo Alto, o mentalismo do Terceiro Milênio, que ora se inicia, está muito longe de se concretizar na Terra. Os habitantes da crosta ainda precisam das energias telúricas, dos cânticos, dos defumadores, das flores, das essências aromáticas; pela sua habitual desconcentração mental, fazem-se relevantes os pontos de fixação para os pensamentos e os condensadores energéticos para a efetiva manipulação curativa das energias cósmicas nos trabalhos mediúnicos assistenciais. É mais fácil desfragmentar algo ou condensar? Imaginem o tipo de energia necessária para a recomposição de tecidos astrais de entidades estropiadas e reconstrução de hospitais e cidadelas no umbral: busca-se "combustível" nos raios das estrelas distantes ou nos sítios vibracionais do planeta, do ar, da terra, da água e do fogo?

Sendo assim, o maior impedimento para a aproximação dos Guias e Protetores espirituais não está na diferença vibratória, em especial dos chacras do médium e do espírito, e sim no envaidecimento daqueles que se deixam elevar pelo excesso de conhecimento, desprezando as formas e o corpo em prol de um mentalismo desprovido de calor amoroso, que o contato regular entre irmãos, com os consulentes, propicia.

O "casamento fluídico" ocorre quando a frequência vibratória dos chacras do médium se aproxima ao máximo das vibrações da entidade comunicante. Para entender a importância desse acoplamento dos vórtices, que ocorre na atuação direta do corpo astral do espírito sobre o corpo etéreo do médium, o qual se encontra algo solto, afastado, é preciso compreender as especificidades do transe mediúnico na Umbanda, que é mais demorado e intenso. O "acasalamento" fluídico com o Guia é necessário para ambos e é decorrente de profundas impressões que estão no inconsciente das almas em questão, com afinidades ancestrais. Os técnicos do astral, antes do médium reencarnar, potencializaram energeticamente esses centros vibratórios, núcleos fluídicos que sustentarão o intercâmbio com os Guias, processo que demanda ampla preparação nas escolas do astral.

Pergunta: Pedimos maiores considerações sobre alguns aspectos psíquicos da experiência mística e as peculiaridades do transe na Umbanda.

Ramatís: Acreditamos que as características das comunicações na Umbanda foram suficientemente analisadas em outra obra, o que nunca é demais relembrar: *A missão do espiritismo*, no capítulo sobre Umbanda.

Na história das religiões, em quase todas se verificam semelhanças entre as experiências psíquicas, ditas místicas ou dos santos. As crenças humanas estão fundamentadas no psiquismo. A certeza e a confiança que antecede a fé, sustentada pelo misticismo psíquico, matam o medo e a dúvida sobre a vida após a morte, que somente a experiência pessoal pode oferecer, fator comum em todas as religiosidades e religiões. É certo que o conhecimento adquirido pelo estudo também oferece a confiança e a certeza no que existe após a morte, mas não se compara à verdade que vem à tona dos refolhos da alma com a vivência pessoal da experiência mística. Nesse sentido, são muito frágeis os argumentos dos instrutores da Nova

Era, de grande poder mental, quando confrontados com o transe catártico do desconhecido médium que trabalha com o Pai Velho ou o Caboclo no terreiro.

Há que se reconhecer que a grande maioria dos terrícolas que dizem participar e ser desta ou daquela religião, seita ou doutrina, não o são verdadeiramente, pois nada mais fazem do que segui-la socialmente como forma de estudo, ascensão e apreço no grupo. Como transformação do inconsciente que irrompe qual represa que se solta, a experiência mística que o Além oferece por meio do mediunismo com outras consciências espirituais do cosmo torna secundárias e irrelevantes as interpretações sectárias, diante da plena confiança da unidade que impera na espiritualidade. Essa cognição leva a uma paz de espírito indescritível para os que passam pela experiência mística continuadamente.

Na Umbanda, pelo tempo normalmente necessário aos atendimentos, exige-se um transe mediúnico longo, aliado à personificação dos espíritos Guias ou Protetores, distintos em absoluto dos médiuns, inclusive com nome próprio, modo peculiar de falar, de agir e ser. Cria-se um bem-estar de êxtase aos encarnados. As vibrações mais elevadas e sutis dos espíritos operantes nos terreiros, depois de algumas horas de intercâmbio mediúnico, repercutem vibratoriamente nos medianeiros, dando-lhes uma paz e harmonia comparáveis à dos iniciados iogues após décadas de preparo. É como se um rio, revolto e fora de seu eixo, encontrasse novamente o leito de vazão para a devida correnteza harmônica.

Pergunta: Sendo raríssima a inconsciência, como podemos entender a manifestação de uma outra entidade extracorpórea que adota uma personalidade específica do passado remoto, tratando-se, na esmagadora maioria, de médiuns conscientes, na atualidade do movimento umbandista?

Ramatís: Um filho criado por um pai culto, aquinhoado e de refinada educação não saberá sentar-se à mesa e, de olhos vendados, identificar os talheres adequados para cada tipo das iguarias que serão servidas em farto banquete? Podem concluir por esse singelo exemplo que assim procede o médium com o benfeitor espiritual. A consciência é única, e as personalidades afloram e conseguem manifestar-se pelos laços de ancestralidade entre ambas.

Mesmo que a identificação com o ego e, consequentemente, com as personalidades vividas pelos espíritos imortais sejam ilusões diante da constatação maior de que a consciência do espírito é una, vocês ainda não têm na Terra condição evolutiva para acesso integral ao manancial de informações contidos nos registros da essência espiritual eterna. Faz-se necessária a fragmentação em personalidades, conscientemente diminuindo-se o ego atual para que um mais antigo se apose, mas os registros básicos da programação evolutiva são os mesmos.

Dentro dos critérios rituais da Umbanda, de firmeza e desenvolvimento dos médiuns, manipulando-se as energias necessárias para a "fixação" da entidade ancestral em "seu" aparelho mediúnico, ocorre um casamento fluídico quase perfeito, como se duas mentes ocupassem o mesmo cérebro físico. Durante o transe, o medianeiro não perde a consciência, mas a diminui e silencia seu ego para o visitante ancestral se fazer manifestar, falar, andar e gesticular com toda a naturalidade, como se o corpo físico fosse dele.

Observações do médium

Em algumas raras oportunidades, somos conduzidos ao plano astral para lazer e estudos. Os mentores ou auxiliares espirituais nos levam a locais de vibrações benfazejas, sutis e revigorantes. Imaginem como se tivéssemos, literalmente, uma escora que nos amparasse, na maior parte das vezes sobre as nossas costas, ou como se estivéssemos surfando num oceano de enormes ondas, mas onde a prancha é que conduz os movimentos e nos segura firmes. Assim procede o técnico auxiliar nas viagens astrais, pois fica acoplado nos chacras do sensitivo desdobrado, sendo que na grande maioria dos casos basta estar com o corpo mental em acoplamento com o corpo astral do encarnado. Nessas ocasiões, raramente o sensitivo o "enxerga", mas sente sua presença pelo toque magnético prontamente reconhecido: as cenas astrais vão se encadeando como num roteiro previamente ensaiado, e não temos dúvidas ou medos, muito ao contrário de quando estamos sós, por invigilância dos pensamentos, em alguns locais nada aprazíveis.

Quando estamos assistidos por esses amigos espirituais nos locais de estudo, observação ou lazer do plano astral, verificamos que o pensamento ou as ondas mentais emitidas são sonoras, ao menos para os sensitivos que têm clariaudiência e clarividência, pois os pensamentos nessa dimensão de vida também são luz e cor, de acordo com a escala de frequência do emissor. Quanto à sonoridade dos pensamentos, em alguns locais do plano astral seus habitantes não precisam articular a fala nos órgãos do corpo astral, pois os pensamentos dos antigos interlocutores da Terra ecoam sonoramente no meio de nossas cabeças. Inclusive, para nossa surpresa, podemos "escutar" um pensamento em outro idioma que não seja o português da atual encarnação, mesmo de um encarnado, desde que estejamos desdobrados, e o entendemos perfeitamente em nossa atual língua, desde que tenhamos em encarnações passadas dominado esse idioma.

Essa experiência sensorial, inusitada se comparada com o acanhado psiquismo de quando estamos presos aos limites do corpo físico, nos foi mostrada numa recente visita astral em Paris, na França. Fomos conduzidos em desdobramento até as ruas de Paris num domingo de manhã, enxergamos perfeitamente suas praças, seus cafés, museus, sobrados, inclusive estivemos num cruzamento de uma grande avenida próxima aos Champs-Élysées. Logo fomos conduzidos a um antigo mosteiro de arquitetura lusitana, hoje patrimônio histórico de Paris, que abriga um museu. Antigamente, nos idos da Idade Média, creio que em seu início, tivemos uma encarnação francesa como monge asceta.

Após a visita a esse mosteiro, que muito nos marcou pelas lembranças que afloraram do inconsciente, fomos conduzido à Rua dos Fidalgos, que está ligada conosco em uma outra vivência terrena francesa – em que éramos originalmente de nascimento português –, uma via da cidade que abrigou as famílias dos nobres emigrados alquimistas de Portugal, que foram perseguidos pela Inquisição lusitana, mas que na França encontravam maior benevolência do clero, ao menos durante um certo tempo, pela efervescência do movimento Iluminista nesse país.

No entanto, mesmo tendo emigrado de Portugal para a França, fomos levados à fogueira pelos tribunais da Inquisição, quando nos inquiriu mortalmente um cardeal italiano ligado diretamente ao papado de Roma, conhecido na época como "língua de aço" por sua mordaz oratória e erudição. Nos dias de hoje está encarnado no Brasil, sendo um dos expoentes do movimento espírita organizado em nossa pátria verde-amarela, carreando para as bases doutrinárias do espiritismo milhares e milhares de espíritos. Compensa, por um justo efeito de retorno causal das leis cósmicas, os desmandos da sua encarnação como importante juiz dos tribunais da Inquisição de outrora, quando levou às fogueiras outros milhares e milhares de irmãos, na época julgados como "hereges" por acreditarem na reencarnação, na preexistência das almas e na diversidade dos mundos habitados. As situações contrárias servem para o equilíbrio das nossas balanças cármicas, a saber: o sacerdote e inquisidor de alta hierarquia no clero católico hoje é versado tribuno espírita, e o rico alquimista herege de ontem – nós – na atualidade está na Umbanda comprometido a dar consulta a todos que o procuram agachado como humilde Preto Velho, também resgatando o que fez com a magia negra em proveito próprio e em desagravo para com seus semelhantes.

Essas informações detalhadas nos foram passadas por um tipo de psicometria clarividente, ocasião em que o amigo espiritual Ramatís nos alertou:

"Isso é para você compreender, por sua experiência mística interna atemporal, a justiça e sabedoria das leis de causa e efeito que regem os movimentos ascensionais das consciências em infinita evolução. E ter um pouco de entendimento pessoal de seu carma, enquanto é espírito endividado retido no ciclo carnal da estação corretiva e transitória da Terra, e de momento sem direito ao passaporte de cidadão cósmico universal. Mantenha a humildade, liberando-se da chama da vaidade que ainda arde em seu íntimo e que mantém aceso o braseiro alimentado pelo excesso de conhecimento meramente intelectual. Redobra a vigilância nos locais em que as labaredas bajuladoras e o crepitar da azáfama elogiosa podem chamuscar o nascente e titubeante Eu Superior, como acontece de maneira subliminar com muitos médiuns, projetores e espiritualistas sequiosos de notoriedade que recaem em seus atavismos milenares sem o saberem."

Essa oportunidade, da visita na França, em que revimos velhos locais que nos abrigaram em outras personalidades e roupagens terrenas, se deu na época presente, e toda vez que o condutor espiritual nos aproximava de um encarnado que transitava pelas ensolaradas ruas de Paris daquela manhã dominical, escutávamos o som dos seus pensamentos em francês e entendíamos perfeitamente, como se fosse em português, isso porque dominamos esse idioma em vida passada.

Ainda nos foi mostrada, em determinado cruzamento de vias quando estávamos procurando a Rua dos Fidalgos, a visão astral tal como o espírito enxerga, em 360 graus, como se o sentido da visão se disseminasse por todo o nosso corpo astral: atrás, à frente, em cima, embaixo, à esquerda, à direita, na horizontal, na vertical.

Pergunta: A experiência mediúnica com memória do ocorrido, sem perda da consciência, não pode despertar o potencial anímico?

Ramatís: Sem dúvida. E isso é muito importante para que o espírito comunicante, desencarnado e numa outra dimensão de vida da que se encontra o médium, se faça entender no plano físico. Esse é o alicerce evolutivo do médium consciente, que pelo seu autoconhecimento, saberá distinguir o que é seu daquilo que é do "seu" Guia, amenizando a interferência anímica, que por desequilíbrio emocional, de baixa autoestima, pode tornar-se mistificadora nas comunicações, aí sim consciente e indevida.

A base dos conhecimentos que afloram, qual força centrípeta de um ciclone, ergue-se do inconsciente mais profundo. É como dar um comando em seus hodiernos computadores. Se não houver o programa necessário instalado, não adianta ao operador digitar corretamente, solicitando esta ou aquela aplicação, que ficará sem respostas. O médium tendo instalado o programa, que o espírito guia conhece como se o tivesse desenvolvido, pois igualmente lhe é ancestral, explorará os comandos necessários para que a base instalada na memória integral do aparelho mediúnico fique potencializada animicamente, dócil, sem ruídos mistificadores, para perfeita utilização do solicitante externo.

Pergunta: O que é "natureza anímica"?

Ramatís: Todos vocês são de natureza anímica: suas almas são preexistentes aos atuais corpos grosseiros. Esquecem facilmente que são espíritos milenares, que tiveram várias "vidas" sucessivas na carne, muitas personalidades, que estão formando o enorme manancial de experiências que educa o espírito na sua ascese, arquivado no inconsciente. Com certeza, são influenciados diariamente por esse arcabouço de impressões. Compreendam cada vez mais a relação de causalidade com as encarnações passadas, expandindo sua consciência. Em se tratando de mediunidade, sendo a maioria dos médiuns da atualidade consciente, afirmamos: são anímicos, pois desde que não haja a inconsciência total nas manifestações mediúnicas, é impossível haver um filtro totalmente fiel ao lado de lá, situação que passa longe de quaisquer conotações de mistificação.

Na atualidade, o plano espiritual se utiliza de suas naturezas anímicas para se comunicar.

Observações do médium

A mediunidade com rememoração, sem perda de memória durante seu exercício, é uma oportunidade valiosa de crescimento consciencial durante uma encarnação. A grande dificuldade é conviver com a dúvida, a incerteza e o estigma de mistificação que infelizmente ainda existe, em muitos locais, em relação à exploração de nossas potencialidades psíquicas e anímicas. Isso ocorre principalmente durante o período de educação mediúnica, situação que tem alijado muitos médiuns do exercício da mediunidade, pelo verdadeiro trauma de que se viram objeto. Inclusive as projeções da consciência e viagens astrais são classificadas de "anímicas" em algumas escolas, com visível conotação de mistificação, e os médiuns devem evitar exercícios que visem adestrar essas capacidades do espírito por não serem "mediúnicas".

Como somos médiuns conscientes, com o tempo aprendemos a perceber o toque e o magnetismo próprio de cada entidade que nos auxilia regularmente. Nesse sentido, a Umbanda tem sido de fundamental importância, pois a prática regular da mediunidade de acordo com seus usos e costumes ritualísticos leva o médium a uma espécie de "casamento fluídico" com as entidades que são suas companheiras ancestrais.

É frequente, quando estamos falando em público, novas ideias serem repentinamente colocadas em nossa mente. Às vezes, elas vêm do Eu Superior, do nosso enorme manancial inconsciente de experiências de outras vidas, como se pequenos fragmentos ou arquivos se soltassem para o nível consciencial, oportunidades em que temos que "vestir" em palavras do nosso atual vocabulário esses estímulos. Com mais regularidade são os espíritos benfeitores que nos inspiram, alterando nossas ideações e fluxo pensante, como se aquietássemos a nossa mente e ficássemos teleguiados por uma mente exterior, como mero observador de uma torrente de água que se precipita no leito do rio, que seria o nosso cérebro físico. Claro que quando se trata de assuntos que dominamos com maior propriedade pelo estudo continuado e persistente das coisas espiritualistas, suas influências vibratórias diminuem, mas não cessam de todo, pois a inspiração se faz costumeira nessas oportunidades.

Da mesma forma, ao escrevermos, a influenciação do lado de lá não é diferente de quando usamos a palavra. Contudo, somos seguidamente levados para experiências em desdobramento com o corpo astral ou mental durante o sono físico, seja em atividades socorristas, de estudo ou de lazer. Dizem-nos que isso é para mantermos a confiança em alta e, ao mesmo tempo, para explorarem nossas potencialidades anímicas conquistadas em vidas passadas. É como se tivéssemos duas vidas: uma no mundo físico, cotidiano, em que para tudo dependemos de um escafandro pesado e denso para nos deslocar; e a outra seria no plano astral, em que não precisamos articular com os órgãos da fala para nos comunicar, pois o pensamento é som, luz e forma ao mesmo tempo, e as distâncias são percorridas por um impulso mental, em que a leveza e o bem-estar são indescritíveis.

Essas ocorrências em desdobramento clarividente são cada vez mais regulares e não nos sentimos cansados, uma vez que essas experiências fora do corpo são conduzidas pelos orientadores espirituais com finalidades de socorro e estudo, para que possamos relatar depois. Eles dosam nossas lembranças e memória do que vivenciamos no plano astral, ou eventualmente no mental, para que nosso cérebro físico não fique exaurido, o que prejudicaria nossas atividades no mundo material.

É bom salientar que a mente não cansa, é o nosso envoltório carnal, cerebral, que não suporta a plena atividade mental do espírito, por uma natural limitação vibratória, de frequência e densidade dimensional própria desse veículo de manifestação. Os espíritos benfeitores, estando livres do corpo físico, não se cansam, não dormem, não comem, não sentem sede, pois as energias que lhes são necessárias são absorvidas pelos "poros" do corpo sutil de que estão se utilizando no momento; é como se existisse uma espécie de fluido cósmico peculiar à dimensão em que cada um está se manifestando, seja astral, mental, búdica etc.

Recentemente, tivemos uma experiência muito gratificante que nos foi autorizada a comentar. Fomos conduzidos a um local do plano astral que é um tipo de templo suspenso no ar, com uma abóbada de um azul-celeste que não existe similar na Terra, administrado pela Grande Fraternidade Branca Universal. Ao passarmos por esse imenso templo etéreo, verificamos a existência de várias salas contíguas e rapidamente fomos conduzidos ao interior de uma delas. Ao atravessarmos um pórtico de entrada nos encontramos, surpreendidos, frente a frente com o Mestre Ramatís, em sua configuração fluídica da encarnação nos idos da antiga Atlântida, que também é uma de suas aparências astrais* de Caboclo na egrégora de Umbanda: pele vermelho-acobreada, olhos verdes e nariz aquilino, muito alto, vestido com uma túnica branca com alguns símbolos astrológicos dourados bordados nas laterais. Nessa ocasião estava sem turbante ou mitra, de cabelos soltos, muito negros e compridos, caídos pelos ombros. Sem delonga e com sua peculiar objetividade, nos admoestou amorosamente:

---

* Ficamos algo surpreso pelo fato de a forma astral ou corpo de ilusão de Caboclo Atlante, usualmente utilizada nos terreiros por Ramatís, estar sendo adotada também em um templo da Grande Fraternidade Branca Universal, o que nos mostra quanto de envolvimento pode estar havendo com a Umbanda desta plêiade de espíritos das mais variadas paragens cósmicas. Há um bom tempo, Ramatís nos informou que há cada vez mais falta de canais mediúnicos em outras egrégoras para socorrer nos charcos trevosos do umbral inferior, sendo este um dos motivos da importância da Umbanda e da Apometria no atual momento planetário da Terra. Existe uma outra aparência astral de caboclo, também na faixa vibratória do Orixá Ogum, que é referente à sua encarnação ameríndia, descrita pormenorizadamente no livro Evolução no Planeta Azul.

"Repetindo-nos mais uma vez, pedimos que não utilize nem em pensamento, para designar-nos, a nomenclatura 'mestre', excessivamente eletiva, pois, assim fazendo, é como se ficássemos distantes das agruras do homem comum, e você, como instrumento escrevente que ora nos recepciona os pensamentos, fosse uma ferramenta especial e melhor que as demais, e bem sabe não ser. Nosso intento nesses tempos hodiernos é que resgatem em seu interior os procedimentos crísticos de Jesus, que, nunca é demais lembrar, sempre esteve próximo de suas iniciações cotidianas à luz do dia, igualitariamente forjando há milênios os adeptos do amor, verdadeiros iniciandos para a vida infinita, dispensando as distinções ou insígnias sacerdotais. Em sua existência terrena, sempre espargiu fraternidade, solidariedade e alento aos que o procuravam, sem estar restrito aos ambientes iniciáticos, desde os tempos de estudo que antecederam a sua pregação evangélica. O Cristo-Jesus esteve continuamente próximo dos simples e profanos de todas as comunidades sociais de antanho e – paradoxalmente, para a acanhada percepção da maioria de vocês – longe dos ambientes fechados dos 'eleitos' aos céus paradisíacos, manifestando a simplicidade e o amor que O ligam em unidade cósmica com o Criador. Seja bem-vindo à demonstração que assistirá, despretensiosa, mas necessária para que se lembre do que terá que escrever quando retornar ao invólucro físico que jaz em sua cama adormecido."

Este amigo espiritual, Ramatís, é responsável pelo planejamento reencarnatório e pela engenharia cármica de uma coletividade de espíritos ainda presos ao ciclo carnal do nosso Planeta Azul, a qual tutela desde remotas eras. Um daqueles compartimentos ou salas é ocupado por um grupo de técnicos coordenados por ele, que têm igualmente sob sua responsabilidade um grande "bloco" de espíritos de psiquismo ainda oriental, muitos da antiga raça vermelha atlante e originários da Constelação de Sirius (ou Sírio).

Nessa oportunidade, Ramatís mostrou-nos, numa comparação grosseira da nossa parte, mapas fluídicos de entrelaçamentos cármicos que mais parecem estudos cabalísticos, astrológicos ou os antigos alfarrábios dos navegadores medievais. O trabalho de engenharia que realiza requer acesso à memória integral desses espíritos, de maneira coletiva. Planeja minuciosamente todos os entrelaçamentos que haverá na carne quando se encontrarem em grupos consanguíneos, raciais, sociais, psicológicos, econômicos, de trabalho etc. Foge-nos à capacidade de compreensão a profundidade desse tipo de atividade conduzida por Ramatís, pois milhões e milhões de experiências, de encontros, de traumas, de alegrias são comparados em grupos e pelos liames que enlaçam os espíritos dentro da causalidade das leis cósmicas que, por sua vez, determinam o carma de cada individualidade que está inserida dentro de um grupo ou uma comunidade.

Por último, esse irmão espiritual, antevendo a nossa dificuldade de entendimento quando fôssemos descrever as peculiaridades de tal encontro e tarefas, novamente apropriados do corpo físico e "presos" às limitações do cérebro, que reduzem a percepção sensitiva do corpo astral de quando estávamos desdobrados, mostrou-nos algo por intermédio da clarividência que nos maravilhou pela limpidez visual: o novo corpo físico a ser ocupado por um espírito que está reencarnando pela primeira vez no Brasil. Sua família será de chineses que aqui residem, de elevada classe econômica, o que propiciará uma preparação intelectual e educação esmeradas desse ente, visto que está programado, na sua fase adulta, ser uma líder feminina de uma importante comunidade budista de grande influência em nosso país. Enxergamos em espécie de tela de plasma, num tipo de holograma em movimento, o futuro corpo da nossa reencarnante, como se fosse obra-prima da criação: desde bebê, passando ano a ano do seu crescimento, até a fase adulta, visualizamos todas as mudanças físicas que ocorreriam naquele veículo denso saudável e perfeito, como se estivéssemos à frente de uma estação moderna de computador da indústria automobilística que está projetando um carro para futura construção.

Quão bom é o Pai Maior, que propicia infinitamente o meio de expressão na forma ao espírito imortal, na dimensão do universo manifestado que lhe é devida e dentro do seu merecimento e justiça, para que consigamos continuar evoluindo. Só podemos agradecer a oportunidade de termos presenciado algo tão bonito, tão maravilhoso.

Estendemos aqui nossa gratidão ao inestimável amor dos Espíritos da equipe de Ramatís por terem compartilhado algo que muito nos emocionou. Deve ter dado um trabalho enorme a eles ajustarem a nossa sintonia, pela instabilidade vibracional comum ao encarnado – como um rádio sintonizando uma estação em que a recepção oscila demais pelo excesso de interferência estática e cheia de ruídos do receptor.

Sexo na exploração do plano extrafísico

Pergunta: Pedimos mais detalhes sobre o intercurso sexual entre um encarnado e um desencarnado, ou entre encarnados fora do corpo físico. Há certos projetores da consciência que afirmam que o "parassexo", ou sexo extrafísico, como eles denominam, é salutar e recompõe as energias como se fosse uma ducha áurica. Devemos provocar essas experiências psíquicas? Qual a sua opinião?

Ramatís: Tudo que contraria a natureza e não é espontâneo deve ser visto com apurado senso crítico e com o bom senso que requer o intercâmbio dimensional e a exploração das potencialidades psíquicas. Retido no ciclo carnal, o indivíduo é um pássaro momentaneamente impedido de alçar voos em determinadas altitudes, e não somente o tempo, mas as afeições temporárias, as nódoas da moral e os prazeres animalizados que saciam o ego inferior o aprisionam aos sentidos, que por sua vez reforçam o cadeado que fecha a cela do cárcere das reencarnações compulsórias. Com a separação do espírito do escafandro carnal pela projeção do corpo astral, "cria-se" a consciência de uma personalidade individualizada e separada que procura se autoafirmar em seus desejos, instintos e caprichos. A ilusão instala-se como se fosse o verdadeiro Eu atemporal. Uma vez que o ego está preso ao tempo e ao espaço, intensamente ligado à personalidade atual e distante da verdadeira individualidade espiritual, ele apresenta-se como um ser fadado à finitude, à morte. Em desdobramento ou projetado, intensifica a potencialidade anímica para compensar as limitações e os impedimentos naturais do meio físico e de caráter personificados na atual encarnação, maneira inglória de fugir do autoconhecimento e de buscar a dominação dos instintos inferiores para uma vida naturalmente saudável.

Quando os homens se abrirem consciencialmente à plenitude de suas potencialidades psíquicas, perceberão que jaz em cada um a própria divindade interior. Compreenderão que o deus interior é o mesmo Deus exterior. Contudo, a interiorização e o psiquismo ampliado podem levar, paradoxalmente, a uma espécie de engessamento evolutivo do espírito, como se verifica na busca do prazer sensório fora do corpo físico, derrubando a naturalidade do conluio sexual entre os pares encarnados que se atraem e se completam amorosamente. Nesse sentido, encontramos esta explicação em *Bhagavad Gita*: "Procure o homem elevar o eu por meio do Eu, e não permita que se afunde, porque, em verdade, o Eu é amigo do eu e, da mesma forma, é seu inimigo".

Quanto às recomposições energéticas, elas se dão por afinidade: os porcos arrastam os focinhos na lama na busca de alimento, ao contrário dos beija-flores que o alcançam por meio do néctar; o golfinho que respira na superfície marítima não consegue se reproduzir nos hábitats dos protozoários; as aves que se alimentam de carne em decomposição e chocam seus ovos no sopé das montanhas não sobreviveriam como a larva parasita cutânea em meio de erupção eritematosa, e assim, envolvidos pela Mãe Natureza, todos esses seres vivos, instintivamente, nos meios que lhes são afins, sentem-se como se recebessem uma ducha áurica nas trocas energéticas com o meio ambiente. Contudo, observem que somente o homem, egocentrista, distorce sua natureza.

Pergunta: Gostaríamos de compreender melhor sobre o sexo no plano astral. Os espíritos mantêm relação sexual como entendemos?

Ramatís: Sexo é fundamentalmente troca de energia. Na caminhada evolutiva do espírito imortal, ele ocupa transitoriamente um corpo masculino ou feminino, que durante o conluio amoroso com outro se completam de forma enérgica, momentaneamente em uníssono como se fossem um só espírito, assexuado. Ocorre que o sexo para vocês está associado meramente ao prazer sensório, fato que associado ao caráter pecaminoso das religiões punitivas, que ressoa no inconsciente milenar de cada um, faz com que o ato sexual seja visto como algo impuro. O amor é a mola que mantém as energias sexuais revitalizantes.

Segundo os psicanalistas terrenos, a sexualidade tem fases evolutivas, sendo que infelizmente classificam a fase adulta como fática, como se o órgão físico fosse o centro de tudo, cegos que estão ao enorme manancial de energia suprafísica envolvido na troca saudável e embasada no amor. Com certeza há sexo entre os espíritos, inclusive pode ocorrer relação sexual anômala, entre um encarnado desdobrado e uma entidade desencarnada.

Como vocês ainda têm uma visão estandardizada do sexo, ficam impedidos de perceber todas as sutilezas que o envolvem. Nesse sentido, o que mais se aproxima de sua compreensão, visto que não conseguem definir em seu vocabulário a troca de energias entre espíritos nos planos livres da forma, é a visão dos hindus da Kundalini e dos sistemas de chacras. Os chacras sendo núcleos energéticos, espécie de mediadores vibratórios relacionados com o psiquismo da consciência que os abriga, constituem degraus de uma escala evolutiva que vai do mais instintivo ao mais espiritual. É possível concluir que eles manifestam todo o espectro da evolução da consciência e da mônada espiritual, do mais primitivo, selvagem e instintivo ao mais sublime e harmônico do espírito. A energia vital da Kundalini, que no seu princípio mais selvático se expressa também na forma sexual como entendem na Terra, vai gradativamente se transformando e se apropriando de energias mais sutis, em conformidade com os diversos estágios evolutivos da consciência.

Podem compreender assim que esses centros vão se "desfazendo" gradualmente, se unindo em um só, se tornando um grande coronário, quando então se alcança o equilíbrio pleno das energias cósmicas que animam o espírito imortal, muito próximo do Criador. Podem concebê-las em pálido conceito como assexuadas, pois não precisam mais se manifestar em uma única polaridade, masculina ou feminina. Nesse estágio de expansão consciencial, é como se a existência fosse de um contínuo êxtase e arrebatamento íntimo de cada individualidade, mas sentidos coletivamente entre espíritos irmanados na mais intensa energia do amor.

Pergunta: "A exploração do plano extrafísico nos proporciona descobrirmos o Universo e acessarmos a verdadeira realidade por nós mesmos." Quais as suas considerações sobre essa afirmativa?

Ramatís: Sem dúvida, toda experiência pessoal no vasto território do psiquismo é de fundamental importância para o despertamento interno, oriundo dos refolhos mais profundos do espírito e de suas potencialidades cósmicas. Leva a criatura, inexoravelmente, a um entendimento maior da espiritualidade e das dimensões vibratórias que envolvem a centelha espiritual na sua evolução no universo manifestado. É roteiro seguro acima dos dogmas e sectarismos em que alguns homens se cristalizaram, pelo avantajado intelecto e conhecimento das coisas espiritualistas.

Contudo, muitas das realidades da verdadeira vida ainda não são permitidas a vocês, pelo simples fato de serem imanifestas devido à absoluta falta de percepção que ainda têm de outras dimensões vibratórias, o que deve ser aquisição gradual do espírito na sua longa caminhada evolutiva. Nesse sentido, cada coisa vem acompanhada do tempo necessário para que a natureza, como em tudo no Universo, faça a sua parte, silenciosa, qual relojoeiro ajustando preciosa peça que dará precisão à maquinaria que movimentará os ponteiros da vida. Há um equilíbrio cósmico universal que os envolve: as flores não desabrocham no inverno; as folhas não caem das árvores no verão; a lua crescente não se torna repentinamente minguante; o sol continua a brilhar, mesmo sendo noite na metade do planeta Terra, e várias das estrelas que enxergam no firmamento deixaram há muito de existir, mas continuam a iluminar a abóbada celeste, pois ainda não chegou o momento na temporalidade que envolve sua dimensão evolutiva de cessar sua luminosidade na Terra.

Em tudo está a manifestação do Criador, e o cosmo é em seu todo harmonia. Sendo assim, não explorarão o Universo, acessando a verdadeira realidade, se não estiverem preparados evolutivamente e não forem a estação cósmica a que tem direito o espírito por suas experiências e aquisições em vidas passadas, inclusive nos períodos entre uma encarnação e outra.

O que nos parece é que há maior interesse de alguns cidadãos em explorar o plano extrafísico por mera curiosidade e instabilidade espiritual do que por quaisquer compromissos com a caridade assistencial. Por outro lado, não podem perceber aquilo que ainda não tenham dentro de si, o que tem levado ao fracasso muitos curiosos com o lado de cá.

Pergunta: Há uma busca constante de aprimoramento espiritualista nos dias atuais, sendo assim, questionamos: cursos xamânicos, de bioenergia, cabala, tarô, magia das velas, confraria dos magos, encontro de voadores e, em especial, os seminários e treinamentos pagos aos projetores astrais consagrados para se obter as capacidades projetivas e de desdobramento são perenes e capacitam os indivíduos?

Ramatís: A volatilidade e o anseio fugaz que movimentam a maioria das pessoas ao encontro das "novidades", a ponto de pagarem como se estivessem fazendo contrato de prestação de serviços, não as avaliza como instrumentos aos olhos do lado de cá nem as fornece potencialidades inerentes ao psiquismo espiritual. É importante destacar que a contratação de um exímio pintor que recomendará as melhores tintas e técnicas não dará ao contratante os talentos necessários para manejar os pincéis quando este estiver sozinho diante da tela branca, tendo que retratar fielmente a paisagem que o cerca.

Os verdadeiros adeptos e iniciados das coisas ocultas sabem da importância do altruísmo e têm a vontade de auxiliar a grande irmandade espiritual que os cerca com conhecimentos básicos para ir galgando os degraus que expandem as sensibilidades psíquicas, ampliando seus sentidos a ponto de inseri-los conscientemente em "novos" universos de percepção. Indubitavelmente, nunca cobram, nem obtêm qualquer ganho pessoal ou causam fenômenos aos olhos dos curiosos, que não sejam os necessários à caridade, tendo assim uma inestimável satisfação de auxiliar desinteressadamente. Os interesses egoístas inevitavelmente levarão o neófito explorador astral ao mais absoluto fracasso, quando não a experiências nada saudáveis para sua evolução, o que pode abalar seu equilíbrio psíquico.

Infelizmente, existe uma retórica espiritualista "new age" na atualidade que dá a impressão de que tudo é muito fácil, além de um modismo com certos clichês orientalistas que dão *status*, como se as potencialidades do espírito milenar lapidadas pelo ferramenteiro incansável do tempo pudessem ser apuradas em alguns encontros e cursos de final de semana regiamente remunerados, ou pela leitura superficial de alguns preceitos das filosofias do Oriente.

Pergunta: Quanto à afirmativa "Interesses egoístas inevitavelmente levarão o neófito explorador astral ao mais absoluto fracasso, quando não a experiências nada saudáveis para sua

evolução, o que pode abalar seu equilíbrio psíquico", poderia nos dar maiores elucidações?

Ramatís: O fracasso decorrente dos interesses egoístas refere-se às explorações sem o amparo da espiritualidade benfeitora que se norteia por ideais de altruísmo, de caridade e união amorosa, respeitando integralmente as capacidades sensitivas extrassensoriais, o merecimento, o livre-arbítrio e o carma de cada trabalhador que tem sob sua responsabilidade. Obviamente, apresentam-se chusmas de espíritos mal-intencionados, obsessores de aluguel, desocupados do além-túmulo e vampirizadores para "amparar" o encarnado que se projeta sem preparo moral para o lado de cá, qual soldado medieval na frente de batalha sem o cavalo, a armadura e a espada.

O plano astral envolve toda a psicosfera da Terra, sendo subjacente e concêntrico ao planeta e alcançando alguns quilômetros acima da crosta. Tem subdivisões vibratórias, e cada uma tem um grau de densidade que lhe é apropriado e afim com a condensação do fluido cósmico. Imaginem as camadas de uma cebola interpenetradas, em que cada porção mais profunda e próxima ao núcleo fosse transpassada pela camada imediatamente superior, de modo que à superfície, como na Terra, todas estivessem ao mesmo tempo existindo no mesmo espaço, embora com densidades diferentes, e as mais sutis se estendendo além das que são próprias à vida física.

Sendo assim, tudo de bom e de mau que encontrarem na superfície terrícola, relacionado às suas vidas na matéria, se encontra no plano astral multiplicado, e pelo fato de o corpo sutil que se afina com esses sítios vibratórios ser a sede das emoções, que se associam com as sensações, podem concluir quão fácil é sair do corpo e ir para antros de prazer inconcebíveis pelos desregramentos. Isso quando não se apresentam "amparadores" das organizações trevosas encaminhados por um mago negro para os auxiliarem enquanto tendem a sensibilidade mediúnica para servir de instrumento de satisfação dos prazeres animalescos que somente um corpo físico pode oferecer a esses irmãos das sombras. Com certeza, as experiências de um caneco ou repasto vivo escravizado do além-túmulo não são nada saudáveis. Ademais, o fato de explorarem suas potencialidades psíquicas não significa adiantamento espiritual. Se assim fosse, inevitavelmente a grande população encarnada não iria para os charcos trevosos do plano astral inferior satisfazer as suas sensações grosseiras durante os desdobramentos projetivos que ocorrem naturalmente durante o sono físico.

Entre os cidadãos comuns, em que apenas uma parcela ínfima é moralizada, sem desenvolvimento psíquico para as coisas extracorpóreas, há os que simplesmente flutuam com seu corpo astral acima do invólucro carnal durante o sono fisiológico. Na maioria dos casos, pela imoralidade avassaladora da coletividade encarnada, o veículo astral, como que entorpecido, semiadormecido, sintoniza com certas correntes astrais de pensamentos parasitas, de outros encarnados em mesma faixa mental, se dirigindo qual robô autômato para toda espécie de aventuras sensórias. Nessas ocasiões, acorda o incauto e entusiasmado "explorador" extracorpóreo, que recém findou um curso de final de semana com reconhecido projetor espiritualista – pago antecipadamente por meio de comprovação de depósito bancário –, um tanto confuso pelos "sonhos" aprazíveis, cansado e sem energia vital.

Tudo no Universo sendo energia, no plano astral não é diferente, e por sua plasticidade natural, o pensamento é mola propulsora que manipula essas forças muito próximas da contrapartida etérea planetária. Visualizem uma criança mimada numa cidade de doces, em que todas as guloseimas pensadas instantaneamente estarão à sua disposição, podendo se lambuzar à vontade em sua avidez insaciável sem repreendas ou limites, como se estivesse em um salão mágico de conto de fadas chovendo confeitos, e terão a visão de como procedem os encarnados despreparados moralmente quando incursionam nas faixas vibratórias suprafísicas do plano astral.

Correntes astrais coletivas de pensamentos parasitas

Pergunta: O que são as correntes astrais de pensamentos parasitas e como se dá a sintonia dos encarnados com essas emanações mentais?

Ramatís: As emanações mentais emitidas aglutinam-se por similaridade. Quando várias mentes ressoam num mesmo diapasão, se constroem as formas-pensamento grupais ou correntes mentais coletivas, muito usadas pelos magos de toda a história para interferirem intencionalmente nos planos etéreo e astral. A importância da disciplina mental, dos símbolos externos usados como pontos focais de apoio às visualizações grupais, para formarem essas imagens etéreo-astrais, são fundamentos indispensáveis dos iniciados no ocultismo e na magia. Podem entender isso como uma manipulação energética, mas que não dispensa a forma para que a mente possa atuar, pois o universo sutil, abstrato e imponderável não é acessível aos seus olhos, pela falta de capacidade perceptiva e de ideação sem o suporte no mundo concreto.

As formas-pensamento construídas pela população encarnada e que sustentam as correntes mentais do plano astral inferior são espontâneas, desconexas, indisciplinadas e densas. Atraem-se por similaridade de frequência vibratória que as enfeixam numa mesma onda. Chegam ao ponto de adquirirem vida própria, pela intensidade e amplitude gigantesca que atingem quando a coletividade encarnada das metrópoles da crosta adormece, embalada por interesses comuns de sexo, gula, dinheiro, vaidade e satisfações materialistas variadas. Atraem para seu fluxo magnético, como se fosse correnteza de um rio tempestuoso que arrasta as toras de madeira, levas de semiadormecidos anestesiados que se locupletarão no sensório em localidades do Umbral inferior que com eles sintonizam. Muitos são "puxados" para os castelos medievais de prazer mantidos por organizações trevosas feudais que têm suas contrapartidas físicas nas casas noturnas, enfumaçadas boates e bares terrenos. Como se fossem bovinos em fileira adentrando o matadouro, aguardam o momento de serem "sacrificados" pelos capatazes – vassalos dos magos negros perdidos no passado. Hipnotizados em espécie de transe, qual pássaro que não reage diante da serpente, são sugados em sua vitalidade, que está potencializada pelo êxtase coletivo semiconsciente que alcançam nesses cenários lúgubres e concupiscentes.

No entanto, como a sintonia ocorre inicialmente pelo pensamento, que se manterá na densidade e no "peso" específicos do corpo astral, em faixa vibratória semelhante, é possível ir mudando gradativamente sua casa mental, elevando sua consciência e alterando seus hábitos comportamentais e, consequentemente, sutilizando seu veículo astral. A elevação não significa mudança de lugar no espaço, mas, sim, a transferência do foco de consciência, das coisas ligadas ao sensório do ego inferior, para as concepções espirituais dentro das leis de causalidade cósmica, que equilibram e harmonizam. É como se vocês fossem se tornando refratários às vibrações de uma ordem de baixos fenômenos ocultos que os cercam, sintonizando as de categoria mais elevada. É necessário que essa reforma se concretize em seu universo íntimo, para explorarem com segurança o imponderável ao plano físico, mas que os cerca como se fosse unha à carne.

Observações do médium

Existe um Preto Velho, de nome Pai Quirino, que nos assiste regularmente e que raramente se manifesta pela mecânica de incorporação nos terreiros, por esse motivo é pouco conhecido da maioria dos umbandistas. Contudo, trabalha arduamente no plano astral, sob a égide da Umbanda, como auxiliar extrafísico de muitos médiuns, sendo "especialista" em incursões nas organizações das regiões umbralinas, onde atua como um tipo de guia "turístico" para grupos de medianeiros em visitação de estudo. Também realiza certos "desembaraços" em alguns trabalhos desobsessivos que requerem prévia conversação no astral com os líderes trevosos. Explica-nos Pai Quirino:

> "A muitas coletividades de espíritos maldosos e seus magos negros não é dada autorização às falanges benfeitoras da Umbanda para reter ou efetuarem os desmanches delas, pois ainda não é justa e de direito tal ação, sendo que um dos motivos para tanto é que devemos aguardar a mudança moral dos encarnados que as mantêm 'vivas' no Além. Em alguns atendimentos específicos a consulentes nos terreiros, se requer uma prévia comunicação aos magos negros, o que não quer dizer acordo ou concessões que desrespeitem o livre-arbítrio, o merecimento ou a justiça os quais a Umbanda se orienta. Cito os resgates que são feitos nas zonas abissais que eles controlam: os 'diálogos' prévios facilitam em muito o dispêndio desnecessário de energia, visto que, às vezes, se tratando do livramento de um pequeno número de sofredores torturados, mostramos a esses chefes das sombras o merecimento dos consulentes que obtiveram autorização dos maiorais do Astral Superior para que haja uma intercessão em socorro desses espíritos presos, ou até de seus obsessores de aluguel.

Como eles sabem que nesses casos a resistência resulta inócua, permitem sem maiores embates as incursões médicas dos agrupamentos do Oriente e dos caboclos curadores de Oxóssi, situação que dispensa as trabalhosas demandas que movimentariam as imensas falanges e legiões de espíritos que atuam nas vibrações dos Orixás Ogum e Xangô."

Na sua penúltima estada terrena, Pai Quirino, tendo sido um evangelizador franciscano atuante nos pobres vilarejos cariocas na época efervescente após o fim da escravidão, muito auxiliou os negros doentes e maltrapilhos que deram início ao que resultou no cinturão de favelas que cercam a capital carioca. Tendo fortes vínculos com esse bloco cármico de espíritos desde épocas que remontam à escravidão do Império Romano, quando foi implacável e culto senador escravocrata, em sua última encarnação, no século passado, veio como negro na cidade do Rio de Janeiro. Tendo nascido e crescido no berço do samba, da mais pura boemia e malandragem carioca dos arcos da velha Lapa, desde criança mostrou-se um pacificador, incapaz de esmagar uma mosca, e de grande inteligência. Quando adulto, foi conhecido e perspicaz compositor, escrevendo várias marchas carnavalescas. Por intermédio de um padre da comunidade que realizava missas regulares na favela em que morava, teve contato com alto dirigente da Secretaria de Segurança do Estado do Rio, tendo sido recrutado para ser "olheiro" – informante do serviço secreto do comando policial que combatia o tráfico e a prostituição. Entre composições e saraus musicais na Escola de Samba do morro, completamente inserido na comunidade, ajudou a desarticular várias quadrilhas de traficantes e caftens em todo o ex-Estado da Guanabara, comandadas por antigos generais e senadores romanos, encarnados numa minoria étnica e social excluída do progresso no Brasil contemporâneo. Por sua personalidade discreta e apaziguadora, seu arguto senso de observação e carisma inconfundível, nunca foi descoberto, tendo envelhecido calmamente como compositor musical famoso e secretamente se aposentado como agente de informação da polícia carioca. Nunca se casou, mas foi um inveterado namorador e pai amoroso com todos os seus vários filhos, não deixando nenhum desassistido.

Esse Preto Velho, Pai Quirino, apresenta-se a nossa clarividência vestido todo de branco, tendo entre 60-70 anos, com um brilhante colete amarelo-dourado sobre uma camisa de alva seda reluzente. É muito sorridente, simpaticíssimo, de aguda inteligência, bem-falante, versátil comunicador, aproximadamente 1,70 m de altura, magro, de barba branca bem aparada e calvo. Quando se aproxima de nós, caminha num gingado matreiro, como se fosse um mestre-sala à frente de uma escola de samba, e nos fala ao ouvido pausadamente: "Vamos, vamos, irmãozinho velho, sai do corpo, te mexe, Pai Quirino chegou para te levar a passear nos morros da verdadeira vida", e dá uma sonora e gostosa gargalhada.

Numa noite, vimo-nos conduzido por esse arguto auxiliar a um sítio do Umbral muito semelhante, em sua geografia astralina, às montanhas da Serra do Mar. Era um vale de um verde-escuro, abafado, parecendo uma floresta tropical, de um odor sulfuroso que de início nos fez arder um pouco o nariz, mas não a ponto de nos transtornar. Mostrou-nos várias construções para os visitantes encarnados desdobrados durante o sono físico se deleitarem nos prazeres sensórios. Entre salões de jogos, refinados bares musicais com todo tipo de alcoólicos e entorpecentes, restaurantes com as mais finas iguarias que podemos conceber, boates e ruas de diversificado meretrício, surpreenderam-nos as majestosas construções hoteleiras dessa estação de prazer umbralino.

O amigo, imediatamente "lendo" nossos pensamentos, levou-nos para conversar com um "gerente" de um desses hotéis. Com muita simpatia, fomos informados que de momento não havia quartos disponíveis e que para os cômodos mais simples havia uma fila de espera de uma hora aproximadamente. Perguntei o motivo de tanta procura, e o "gerente" nos informou que aquele horário da noite era o pico do movimento nessa cidadela, colônia de todos os prazeres carnais para satisfazer os encarnados. Se aguardássemos um pouco, mais próximo do amanhecer, muitos visitantes já teriam despertado no corpo físico, diminuindo a ocupação dos quartos. Diante da minha falta de entendimento do porquê dos hotéis e quartos, o "gerente", muito amistoso pelo fato de estarmos acompanhados de Pai Quirino, nos informou, rindo maliciosamente, que os visitantes se hospedavam, iam jogar e beber nos cassinos e boates, depois voltavam acompanhados de belas e sensuais mulheres para terminarem o turismo noturno nas majestosas dependências dos confortáveis hotéis.

Continuamos o passeio. Nossa estupefação apenas tinha começado. Pai Quirino mostrou-nos os outros hotéis e visitantes daquela estância "paradisíaca" do umbral inferior. Para nossa completa surpresa, e pela limpidez clarividente que esse amigo nos proporcionou, enxergamos enormes grupos de agitados padres, monges, freis, internos e ascetas em geral, do catolicismo e de outras religiões da Terra, projetados em seus corpos astrais, entregues à ansiedade alvoroçada diante da iminência de se locupletarem nos prazeres terrenos. Pai Quirino disse-nos: "O espírito não suporta um bloqueio abrupto de suas disposições mais íntimas...". Na sua simpatia, elegância e matreira espontaneidade, continuou o comentário:

> "Muitos religiosos são beatos para os crentes da Terra, mas durante o desprendimento natural provocado pelo sono físico se mostram legítimos obsessores das operárias do sexo. Sendo elas mulheres sensuais e libidinosas do astral inferior, endurecidas pelos sofrimentos e maus-tratos, na sua maioria, são extremamente sinceras e fiéis aos seus ideais, embora tortuosos. Ao contrário da hipocrisia e dissimulação costumeira dos que as procuram para satisfazer seus desejos represados por compromissos religiosos na carne, de que no universo astral ficam desobrigados, como se estivessem em sonho prazeroso que ansiarão repetir."

Quando Pai Quirino estava nos dando essa última opinião, franca e sem receio como é do seu comportamento, sobre o assunto um tanto espinhoso diante dos nossos atuais conceitos de moral, ficamos um pouco inseguros diante da sua exposição. Repentinamente o cenário à nossa volta começou a se desvanecer. Imediatamente sentimos o magnetismo e o característico estilo de pensamento de Ramatís, conciso, direto e sem rodeios, retumbando no meio de nossa cabeça:

> "Não deve estabelecer julgamentos, mesmo que detivesse a competência para tanto. Seu alcance moral é débil pela transitoriedade da atual personalidade que ocupa. Mantenha a isenção e imparcialidade de ânimo, como mero repórter observador, para conseguir terminar o programa de visitação em curso com o amparo de Pai Quirino. Assim, será auxiliado em sua memória ao acordar, condição essencial para um sensitivo escrevente e instrumento mediúnico consciente. Recomponha-se, lembrando-se do legado de Jesus. Mesmo com sua autoridade crística, ao invés de estabelecer julgamentos pessoais e punitivos, confortava e esclarecia, aliviando as almas 'pecadoras' de seus fardos, colocando-se acima das idiossincrasias dos homens. Preferiu, à companhia dos sacerdotes hipócritas dos templos, o socorro e alento aos despossuídos, nunca recusando o amparo aos mundanos discriminados e às prostitutas apedrejadas da época pelos falsos e frágeis valores morais dos poderosos."

Esforçamo-nos para manter o padrão vibracional à altura de Pai Quirino, sem influenciar-nos tão facilmente pelo que estávamos vendo e ouvindo, ao menos a ponto de não obstruirmos a programação dos amigos espirituais pelo nosso retorno antecipado ao corpo físico.

Em desdobramento clarividente com projeção do corpo astral às regiões umbralinas – às vezes estamos desdobrados, mas não estamos projetados, situações em que ficamos "flutuando" no quarto em cima da cama –, é de suma importância não perdermos a serenidade ou nos assustarmos, pois nos rebaixamos vibratoriamente. Às vezes isso ocorre, principalmente, nas primeiras experiências extracorpóreas, oportunidades em que o nosso coração fisiológico dispara e aumenta a emissão de adrenalina excretada pelas glândulas suprarrenais, fazendo com que haja um estrondo pelo repuxo violento do cordão de prata que nos remete, como se fôssemos abruptamente empurrados de volta ao corpo físico.

Continuando nossa visitação, encontrávamo-nos curiosos sobre o motivo de tanta simpatia e bom trato dos habitantes do complexo hoteleiro de diversão e deleite mundano para com os encarnados e como as construções eram mantidas, limpas e confortantes. Pai Quirino assim esclareceu-nos:

"As energias densas liberadas pelos prazeres intensos dos encarnados são o verdadeiro alvo de todas estas construções, na verdade um bem arquitetado centro vampirizador de fluidos. Como bem tratadas vacas leiteiras ordenhadas em tantos litros diários de leite para o desjejum dos hóspedes de uma pousada rural, os visitantes ébrios de êxtase sensório são sugados o bastante para não ficarem completamente exauridos. O planejamento psicológico, sub-reptício, dos arquitetos das sombras fundamenta-se em criar dependência psíquica das fracas personalidades encarnadas, que represadas por vários motivos em suas satisfações animalescas na carne, encontram nestes antros os mais sórdidos recursos para se entregarem selvagemente. Quanto mais isso ocorre, mais se fortalece a organização trevosa, pelos intensos laços vibratórios que recrudescem na simbiose entre os habitantes encarnados da crosta e a coletividade que vive do vampirismo nas baixas zonas umbralinas, satisfazendo-se mutuamente."

Esse Preto Velho amigo, Pai Quirino, afirma que foi feliz na roupagem de "malandro" e compositor carioca. Em suas palavras:

"Essa forma astral que adotamos é uma maneira de continuarmos evoluindo e de prestarmos auxílio para o movimento astral de Umbanda antes de reencarnarmos novamente. Ela nos facilita o trânsito nas zonas umbralinas, em que temos grande desenvoltura nesses antros de prazeres, pois conhecemos pessoalmente, durante o passar inexorável dos milênios, a maioria dos magos negros e líderes trevosos, sendo que muitos foram sacerdotes gentios e generais na época do domínio imperial dos romanos no Oriente. Eram ativos frequentadores dos regalos anestesiantes nas elitizadas saunas mantidas pela benevolência corrupta do poder do Império, do qual também fizemos parte, nos aproveitando das benesses como importante senador escravocrata, quando tivemos centenas de lindas escravas. Nessa época remota, a água era uma preciosidade, e os banidos – prostitutas, aleijados, bêbados e leprosos de uma forma geral – pelo poder religioso estabelecido dos sacerdotes que dominavam Jerusalém eram proibidos de participar dos rituais judaicos, regulares, de purificação, que ocorriam no interior dos templos, sendo impedidos de adentrarem as piscinas. O costume da época preconizava a purificação pela imersão em água sempre que os crentes tocassem o sangue, tivessem contato com um cadáver de animal ou de homem, ou fossem a um cemitério, entre outros motivos.

Conseguimos como que uma autorização de trânsito por essas cidadelas dos escravizados dos prazeres sensórios pelos juízes dos tribunais divinos do Astral Superior. Podemos movimentar-nos livremente nestes sítios vibratórios. Conhecido que somos desde os irmãos da mão esquerda até os da mão direita do Cristo, vamos fazendo a caridade, sendo soldado das falanges benfeitoras da Umbanda nesses antros de perdição. Sem julgamentos de nossa parte, de acordo com nossa índole espiritual, o que ficaria impossível para consciências belicosas ou ainda garroteadas aos limitados julgamentos morais dos homens e das religiões terrenas punitivas. Continuamos evoluindo como defunto, seguindo à risca o que nos é determinado pelos que têm competência no plano astral Superior, que está em conformidade com o resgate de nossos desvios do passado e o avanço do nosso programa cármico. Fica a mensagem de que podemos nos melhorar após a passagem pelo sepulcro na Terra e aperfeiçoar as condições da próxima encarnação. O amor e o perdão interiorizados pelas ações realizadas independem do paletó pesado de nervos e carnes. A Umbanda dá infinitas oportunidades para os excluídos de outras religiões continuarem evoluindo nos diversos subníveis vibratórios do plano astral, pois não os manda para as labaredas infernais, não os coloca dormindo no céu até o próximo mergulho na carne e, muito menos, discrimina nas suas formas astrais os espíritos que se dispõem a trabalhar arduamente na linha de frente da batalha de justiça cósmica. As leis divinas são iguais e indistintas. Todos são bem-vindos no rumo do Pai, que é todo amor e justiça e a cada um dá a tarefa para sua justa remissão, de acordo com as capacidades e aquisições da alma. O Incriado, que sempre existiu por todo o sempre, logo único eterno em sua perfeição absoluta, é somente Deus no Universo."

Exímio conhecedor das maldades e técnicas dos magos negros, todo o tempo em que estivemos desdobrados com esse espírito nos amparando, seguiu-nos uma legião de agentes mágicos, de Exus Brasa. Quando estávamos retornando para o corpo físico, verificamos que iam deixando, pela manipulação do nosso ectoplasma, como se fôssemos uma bateria ou um tanque de combustível, um lençol de pedras graníticas incandescentes na trilha astral que estávamos seguindo. Explicou-nos Pai Quirino:

"Isso é para sua segurança mediúnica: como se trata de localidade muito densa, quase que materializada, os espíritos que ali habitam não conseguem volitar; andam como se estivessem presos ao solo pela força gravitacional, retidos nas escarpas montanhosas da região florestal visitada. Por esse motivo, os Exus da nossa amada Umbanda deixam na estrada que seguimos a manta incandescente de brasas, para que não nos sigam e localizem seu endereço no plano físico para futuros assédios e revides."

Concluindo nossa viagem noturna, Pai Quirino deu-nos um abraço forte ao deixar-nos no corpo físico, juntamente com todos aqueles Exus Brasa que o estavam acompanhando até o nosso quarto, reforçando os laços de fraternidade que nos unem. Ao final, disse-nos ao ouvido: "Sempre que o Caboclo Atlante precisar, este 'nêgo véio' vem te buscar a passeio". Saiu do quarto com uma sonora gargalhada de sambista do astral, acompanhada do seu ponto cantado, que ficou ecoando em nossos tímpanos como se fosse uma bateria de escola de samba:

Depois da meia-noite
até o galo cantar,
com Pai Quirino
ninguém pode segurar
eh! eh! eh!
ah! ah! ah!

Pergunta: Não temos que expandir nossas capacidades psíquicas para descobrirmos por nós mesmos as verdades ocultas que nos cercam, por meio das respostas diretas da alma, propiciadas pela experiência mística interna?

Ramatís: Com certeza. Isso não quer dizer que a expansão consciencial será extemporânea. Uma águia não é lançada ao seu primeiro voo se não estiver com todas as penas devidamente crescidas. No mais das vezes, a "simples" experiência psíquica de projeção do corpo astral, que é o cidadão se ver fora do corpo físico inerte na cama, o primeiro voo do encarnado conduzido por seu protetor extrafísico, que muito o marca, dando-lhe a certeza da existência de uma realidade extracorpórea e da vida que permanece após a morte, não é acessível à maioria de vocês e se requer muitas encarnações até o espírito chegar a essa percepção.

Como conceber que cursos pagos, muito rápidos e voláteis comparados à idade sideral de vocês, sem nenhum compromisso com a caridade espiritual, e a que muitos são levados meramente pela curiosidade e instabilidade espiritual, sejam fontes perenes que formarão o mar das capacidades psíquicas do espírito, destinado a ter as potencialidades de um Cristo: pois "vós sois deuses"? Nem Jesus, na sua evolução, pulou degraus da longa "escada de Jacó", pela equanimidade e justiça das leis de causalidade do Incriado Criador. Quantos desses que assim procedem estarão ligados a grupos socorristas que trabalham arduamente no Umbral inferior, dando passividade para espíritos sofredores, em vez de sonhar com as paisagens paradisíacas do Astral Superior? Quantos querem socorrer os estropiados e dementes torturados que perambulam pela crosta planetária? Quem almeja do fundo de seu coração, antes de saber a forma e o nome do seu guia espiritual para contar aos quatro ventos nas listas da Internet, unicamente se doar sem alarde, adentrando os antros trevosos das encostas abissais do plano astral inferior, contribuindo ativamente para a higienização planetária?

Pergunta: Esse entusiasmo e a maior disseminação de técnicas e conhecimentos projetivos, de desdobramento, que ocorrem na atualidade não estão de acordo com nosso atual momento de consciência coletiva? Afinal, um dia não teremos que "explorar o universo" que nos cerca?

Ramatís: Os homens distanciam-se de suas capacidades divinas inerentes quando supervalorizam o ego e fortalecem suas personalidades atuais, como se fragmentassem essas capacidades, ignorando suas individualidades imorredouras, integrantes da totalidade cósmica, e se afastando das potencialidades do Criador. Essa oposição do ego avantajado e da personalidade enrijecida causa angústia, pelo medo da morte, pela sensação de finitude que a maioria tem inconsciente, pois a personalidade transitória se rebela e se amotina contra o plano da Consciência Una, de unidade cósmica sem a temporalidade, impessoal, e onde o eterno é absoluto por todo e sempre.

O atual momento de consciência coletiva está muito longe de conduzir os indivíduos à percepção da realidade universal supraconsciente. O homem só encontrará a plenitude espiritual quando descobrir sua realidade interna de espírito infinito, deixar de se identificar com o ego, substituir a instabilidade existencial, a ansiedade e a volatilidade exterior das coisas que o cercam e iludem e se voltar para a libertação da sua centelha espiritual escravizada pelo egoísmo e pelo eu inferior.

Claro está que os exercícios estruturados que almejam despertar as vivências pessoais e as experiências místicas auxiliarão vocês na busca incessante do espírito na sua volta ao seio universal, da totalidade com o Criador. As filosofias antigas, como o zen-budismo e a vedanta, mostram há milênios o caminho para a "cura" da dissociação entre a personalidade e a individualidade espiritual. Por sua vez, os graus cada vez mais ampliados de percepção psíquica e de expansão da consciência os levam a um entendimento maior do próprio processo evolutivo, dentro das vidas sucessivas.

Pelo natural esquecimento da individualidade espiritual quando o espírito encarna novamente, há uma tendência de fortalecimento da atual personalidade, situação que o leva a recair em condicionamentos arraigados que o retêm na caminhada. Nesse ir e vir, chegará um momento em que o ego se ligará definitivamente ao espírito, "concluindo" que a profundidade de sua essência espiritual, a individualidade imortal que faz parte do todo cósmico, está além dos limites carnais de uma estada terrena. O ser individual personificado em uma encarnação liberta-se dos seus medos e de suas angústias, conectando-se definitivamente à individualidade espiritual, sem fragmentar-se, e adquirindo a convicção, reforçada pelas experiências conscientes extracorpóreas, de que a plenitude de sua divindade interior é a mesma do Deus exterior. Interioriza o amor por tudo e por todas as coisas manifestas às suas percepções cada vez mais ampliadas, iniciando sua libertação do ciclo carnal. Nesse estágio de evolução, terá o amor e a divina compaixão que o unem a todas as coisas, estando aberta a primeira porta para o longo percurso que o conduzirá, harmoniosamente e sem sobressaltos extemporâneos, como tudo no cosmo, à "exploração do Universo".

Pergunta: Por que ficamos muitas vezes alheados e um tanto melancólicos quando, após as experiências fora do corpo físico nas regiões mais sutis do plano astral, somos confrontados com os obstáculos diários impostos pela vida de relação encarnada, cheia de provas?

Ramatís: Por serem espíritos milenares, inconscientemente, vocês sentem saudade das colônias espirituais habitadas nos períodos entre as encarnações, onde a fraternidade e o altruísmo são condutas comuns. Ademais, quando são confrontados com as situações cotidianas, competitivas da sociedade que fazem parte, que valoriza o individualismo e o destaque pessoal, recaem em condicionamentos arraigados do passado, como os que outrora os levaram a recusar o profano da vida diária pelo sagrado das coisas divinas e ocultas, ocasiões em que muitos de vocês se recolheram aos eremitérios, ao interior dos templos e à existência contemplativa sem grandes contrariedades. Os verdadeiros iniciados são aqueles que atingem a maturidade espiritual, seja onde for, pois as grandes provas não estão no isolamento contemplativo sem ações práticas, mas na associação entre os momentos de isolamento meditativo e os embates cotidianos do encarnado.

Pergunta: As viagens astrais para além dos limites "estreitos" dos nossos sentidos físicos devem ocorrer de forma controlada e espontânea ou podemos induzi-las? Quem as controla, pode ser o próprio encarnado?

Ramatís: Sem dúvida pode o próprio encarnado provocar as viagens astrais e saídas conscientes do corpo físico, como o fazem os "santos" iogues, mas considerem que mesmo os grandes místicos e sábios tiveram seus períodos de aprendizado em que foram tutelados por um guru. Como tudo que é natural no Universo não dá saltos extemporâneos, em se tratando de médiuns que se desdobram, conforme concretizem as reformas íntimas necessárias para o despertar do discernimento crístico, de amor e altruísmo interno, se "apresentará" – na verdade nunca esteve ausente – o mentor ou guia que os assistirá nas viagens astrais. Como tudo evolui, gradativamente o neófito vai adquirindo segurança e desenvoltura em desdobramento. Vagarosamente, seu guia espiritual vai deixando-o cada vez mais à vontade e "só" em suas incursões. Claro está que esse distanciamento é aparente: os sensitivos estando em trabalhos de caridade sempre contarão com o amparo espiritual, eis que quando se reunirem em nome do Cristo, entre vocês Ele estará.

Pergunta: Os registros de casos de experiências extracorpóreas demonstram, ao meio médico e científico, uma nova consciência da realidade dos que vivenciaram em si o outro lado da vida. Contudo, verificamos que são relatos de vivências espontâneas – acidentes, comas, traumatismos, ocorrências de quase morte em geral, anestesiados... Por que não há maiores relatos de sensitivos, ao menos que tenhamos conhecimento, das viagens astrais?

Ramatís: Mesmo nos casos de experiências fora do corpo induzidas por traumatismos e acidentes, prepondera a incredulidade da ciência médica terrena, de ceticismo quanto aos relatos dos que estiveram clinicamente "mortos", atribuindo-os a alucinações do órgão cerebral sem oxigenação. Os relatos das vivências extracorpóreas são pouco difundidos pela desinformação da maioria, voltada para a ilusão da matéria, do corpo físico, enquanto as coisas espirituais e as capacidades psíquicas são deixadas no esquecimento. Os homens não são educados espiritualmente nas escolas ou no lar. Ao contrário, são ameaçados por um Deus de barba branca punitivo, julgador implacável dos pecados mundanos, levando os seres a ter um pavor desmesurado do mundo dos mortos.

Os indivíduos que adquiriram a percepção mais dilatada das dimensões da verdadeira realidade que os cerca se veem tolhidos, mesmo nos locais ditos mais espiritualizados, em seus relatos das experiências místicas internas, muitas classificadas de excesso de imaginação. A conotação do animismo como mistificação atua como o julgamento dos pecados de antanho pelas religiões punitivas, que leva seus adeptos, paradoxalmente, a um estado de infantilidade espiritual, ao contrário da consolação que liberta o ser. Há que se rever os métodos de educação mediúnica, abrindo um leque maior para a exploração das capacidades psíquicas imanentes a cada ser, como fazem os instrutores iogues com seus aprendizes. A dilatação do animismo nos grupos de Apometria, compostos de médiuns que têm sua autoestima baseada no autoconhecimento, os alivia do terrível estigma de mistificação que infelizmente ainda prepondera em muitas escolas de médiuns ditas do Consolador enviado.

Pergunta: Ao estarmos desdobrados durante o sono físico, nossas capacidades psíquicas ficam muito aumentadas, como, por exemplo, eventualmente escutamos e vemos com todo o "corpo astral", como se fôssemos "todo" ouvidos e olhos. Qual a razão dessa fenomenologia e por que não conseguimos dormir novamente logo após esse tipo de experiência?

Ramatís: Essas percepções referem-se ao corpo mental, e não ao veículo astral. É certo que ambos os corpos estão desdobrados, mas dissociados entre si quando vocês escutam e enxergam em toda a região espacial que os envolve, como se os ouvidos, olhos e as mentes fizessem parte de cada poro do "ovo" mental, que fica ampliado nessas ocasiões, parecendo uma moderna sonda exploradora potencializada pelos mentores para uma percepção de 360 graus ao redor. Essas visões e audições transferem-se para o corpo astral e chegam até o físico por meio do cordão de prata, dando a impressão de que enxergam e ouvem em todo o corpo carnal.

Essas experiências conscientes exigem muito do órgão cerebral, pois estimulam em demasia as sinapses nervosas. Assim, sentem-se seguidamente sem sono, como se um êxtase sensório se instalasse no seu ser. Os antigos místicos levavam anos de árduo treinamento, de estudo, concentrada meditação e frugalidade no comer para suportarem fisicamente as incursões nessas dimensões vibratórias do plano mental.

Vocês conseguem compreender o fato de uma voltagem ininterrupta de 200.000 volts rebaixada por um transformador para 20.000 chegar assim até sua lâmpada cerebral de 200 volts?

Pergunta: Ainda em relação ao atendimento apométrico, verificamos que é habitual o acesso a conhecimentos e vivências de vidas passadas, de fatos que marcaram os consulentes ou os médiuns. No entanto, quando verificamos relatos de outros confrades viajores astrais, raramente verificamos esses *insights*. Faz sentido essa observação?

Ramatís: Faz sentido em parte. Os procedimentos da Apometria contemplam o trabalho grupal; obviamente, pela egrégora coletiva que se forma, as capacidades sensitivas dos médiuns ficam mais ampliadas. Quanto aos relatos individuais dos viajantes ou projetores astrais, mesmo os que têm amparo da espiritualidade benfeitora, o tipo de atividade não se compara à dinâmica apométrica. Embora em muitos casos sejam realizadas atividades grupais com sensitivos desdobrados durante o sono físico, por mais que sejam capazes, não se equiparam aos trabalhos no estado de vigília conduzidos pela técnica apométrica, em que as forças mentais e a liberação de energias animalizadas se conjugam conscientemente, direcionadas para os objetivos dos trabalhos.

Não considerem essas diferenças de incursões nos planos suprafísicos como sendo uma melhor que a outra: o que determina as curas e o sucesso do empreendimento caridoso é o merecimento de cada cidadão dentro dos parâmetros das justas leis cósmicas, sendo irrelevante nesses casos a forma utilizada com o fim de assistência espiritual. Quantos de vocês são curados no passe sem saberem? Milhares são tratados durante o estado de sono pelas falanges benfeitoras que se movimentam, muitas vezes, com uma "simples" consulta no terreiro de Umbanda ou prece sincera efetuada por um ente ao santo de fé em sua residência.

Desdobramentos grupais na Apometria

Pergunta: O que é desdobramento múltiplo?

Ramatís: Em alguns grupos de Apometria, convencionou-se a nomenclatura "desdobramento múltiplo" para designar a técnica de comando de pulsos magnéticos mediante contagem numérica para induzir o desdobramento dos corpos sutis do consulente associado às manifestações catárticas dos sensitivos. Estes sintonizam determinadas situações traumáticas de vidas passadas do atendido, relacionadas com "personalidades" outrora vividas, arquivadas e unificadas no grande oceano do inconsciente como gotas de chuva que caíram no mar. Os procedimentos descritos até aqui estão dentro do padrão do atendimento apométrico idealizado por seu arguto "codificador".

Ocorre que pretenderam "atualizar" a Apometria, "fragmentando" o inconsciente milenar que jaz na mente espiritual, com toda sua bagagem de vivências e experimentações, pressupondo que fosse possível ligá-lo em "pedaços" aos vários corpos sutis que vestem a centelha espiritual – como se esse grande bloco único, espécie de holograma indivisível e inapagável, pudesse ser dividido por uma simples técnica matemática, que produziria níveis e subníveis infinitos. A "divisão" dos corpos desdobrados e dissociados em fragmentos de sete níveis, cada um somando 21 "personalidades", cada nível por sua vez "dividindo-se" em sete "subníveis", que totalizariam 147 "subpersonalidades", é de uma "matematicidade" dispensável aos olhos da espiritualidade.

Os vários corpos que permitem a relação do espírito com os planos do Universo manifestado não são passíveis de divisão nesses moldes, de "níveis e subníveis" associados à consciência ou ao inconsciente como se fossem retalhos que se encontram, muito menos em "personalidades", que são complexos de experiências e vivências.* Reside aí um tecnicismo atraente aos olhos dos encarnados, sequiosos de novidades por sua própria instabilidade espiritual. Tal método, um tanto "milagroso", que tudo resolve em minutos, adotado em grupos de "Apometria", geralmente com elevado número de atendimentos na agenda, acaba realçando meramente a aplicação da técnica, em detrimento dos atos simples, amorosos e fraternos. Esse desprezo subliminar ao simples e básico pelos intelectos avantajados alimenta a desconcentração dos médiuns, quando não a vaidade, a ponto de, na maioria das vezes, os componentes do grupo não saberem ao certo o que estão fazendo diante da preponderância dessa numerologia adotada como conduta padrão. Esse método apresenta-se como "infalível" dona da verdade diante dos desinformados consulentes ou das "simplórias" sessões desobsessivas aos moldes "antigos".

É possível canalizar uma personalidade transata de décadas de experiências em alguns minutos de manifestação num sensitivo e que, por sua vez, estaria ligada ao corpo mental superior? Do lado de cá, esses procedimentos parecem-nos de pedreiros querendo

---

* Nada disso deve ser confundido com o fato de que os corpos etéreo e astral são formados por camadas de densidades distintas, como, por exemplo, a *grosso modo*, é o corpo físico composto de matéria sólida, líquida e gasosa.

construir cópia em miniatura de um mineral granítico formado pelo magma vulcânico mais profundo há milhares de anos com tijolinhos de palha prensada. As energias do espírito imortal nesse nível vibratório, do corpo mental superior, não estão divididas em níveis nem subníveis, pois são únicas, e nesse plano mental abstrato não há traumas ressonantes de vidas passadas. Há, ao contrário, uma irradiação perene do Eu Superior, que "impulsiona" a centelha espiritual aos planos búdico e átmico, qual catapulta incansável que um dia derrubará os imensos portões que momentaneamente não permitem a entrada de muitos espíritos nas paragens angélicas.

As instabilidades da alma podem dar-se por ocorrências traumáticas de vidas passadas instaladas na mente milenar; estas podem interferir no fluxo de ideação inconsciente que jorra do corpo mental inferior (mental concreto ou intelecto), desestabilizando o corpo astral devido às emoções em desalinho. Os pensamentos parasitas decorrentes, por sua vez, repercutem vibratoriamente no corpo etéreo, destrambelhando a rede nervosa, desequilibrando a frequência dos chacras e repercutindo no corpo denso pelo desequilíbrio glandular, causando as distonias neuroquímicas e as enfermidades. Sendo assim, os grupos de Apometria, com o apoio dos espíritos benfeitores, podem, com certa facilidade, sintonizar com essas ocorrências traumáticas mediante a técnica de desdobramento induzido, que amplia a sensibilidade pelo desacoplamento dos corpos etéreo, astral e mental inferior do consulente e dos médiuns ao mesmo tempo. Podem, inclusive, sintonizar com mais de uma ressonância traumática de vida passada ao mesmo tempo, quando os sensitivos exteriorizam catarses múltiplas.

Se vocês entenderem níveis e subníveis como se fossem personalidades e subpersonalidades distintas do passado remoto, ligadas vibratoriamente aos corpos sutis fragmentados, que por sua vez podem ser divididos de novo, e assim de forma sucessiva, iniciarão uma corrida em que não terão condição de alcançar a linha de chegada. Sem dúvida, o complexo etéreo, astral e mental inferior pode ser desdobrado por meio dos recursos abençoados da técnica que chamais de Apometria, facilitando a sintonia dos médiuns treinados. Daí a caírem em fórmulas matemáticas como se estivessem fazendo um picadinho para "reprogramar níveis e subníveis de personalidades do passado remoto", alterando a relação causal que estabelece as teias cármicas de cada individualidade única, é exagero intelectual de alguns aligeirados na autopista do Terceiro Milênio.

Observações do médium

Sobre o Corpo Mental Superior, destacam-se os seguintes trechos da obra *A gnose cristã* (Leadbeater, 1983):

> "No curso da evolução nos mundos inferiores, a alma introduz em seus veículos qualidades que são indesejáveis para o seu desenvolvimento, tais como o orgulho, irritabilidade e sensualidade. Estas se mostram como vibrações nos vários corpos, mas uma vez que são vibrações nas subdivisões inferiores de seus respectivos mundos, não podem reproduzir-se no corpo causal [mental superior] que é formado exclusivamente da matéria superior do mundo mental. [...] O corpo causal [mental superior] só pode ser afetado pelas três seções superiores do corpo astral, e as vibrações dessas partes representam somente boas qualidades. O efeito prático disso é que o indivíduo só pode construir dentro do Ego ou alma nada além de boas qualidades. Quaisquer qualidades negativas que ele possa desenvolver em sua personalidade são de natureza transitória e são descartadas à medida que ele avança, pois seu corpo causal não possui matéria na qual ele possa expressar tais qualidades. [...] O corpo causal [mental superior] é o veículo permanente da alma ou Ego no mundo mental superior [...]. Na maior parte das pessoas ainda não está completamente ativo [...]. Conforme a alma desenvolve suas possibilidades latentes através do longo curso da evolução, a matéria superior é gradualmente trazida à ação; todavia é somente no homem aperfeiçoado – o adepto – que está desenvolvida em sua mais plena capacidade. Quando um homem atinge o estágio no qual é capaz de pensamento

abstrato e emoções altruístas, a matéria do corpo causal [mental superior] desperta em resposta. Suas vibrações mostram-se ao observador clarividente como cores e, ao invés de serem, como antes [corpo mental inferior], meramente um ovoide transparente, vão gradualmente se transformando em uma esfera preenchida com matéria dos mais adoráveis e delicados tons os quais indicam o desenvolvimento espiritual da alma."

Pergunta: A literatura teosófica disponível, baseada nas filosofias orientalistas, especificamente no hinduísmo, afirma que o corpo astral se compõe de sete estados de matéria astral, cada uma decompondo-se do mais grosseiro para o mais sutil. Esses níveis de condensação do corpo astral não se associam a estados da consciência que o animou no passado? Logo, não poderiam ser desdobrados em espécies de subníveis de um a sete, como se fossem personalidades?

Ramatís*:* O estado atual do corpo astral, sendo um veículo temporário e sujeito à transitoriedade da manifestação do espírito no plano astral, relaciona-se ao momento presente da consciência que o anima. O homem evoluído espiritualmente terá um corpo astral bem delineado, plenamente formado, como se fosse uma tela artística retratando fielmente o sujeito que emprestou temporariamente sua imagem para o pincel de habilidoso artista; o materialista tem esse envoltório como se fosse uma caricatura mal desenhada da sua personagem. Entre os dois extremos, do ente apegado ao sensório, animalesco, mesquinho e individualista, e do indivíduo fraterno, amoroso, altruísta e desinteressado, há muitos níveis vibratórios, que determinam o estágio de densificação do corpo astral. Cada nível de condensação do fluido cósmico que compõe as moléculas e os átomos do corpo astral, do mais denso ao mais sutil, é regido pelas leis que estabelecem a ascensão espiritual.

Com certeza, pelas contagens de pulsos magnéticos associados à força mental de concentrado operador apométrico, por sua vez potencializadas pelos espíritos do lado de cá, é possível alterar momentaneamente, para baixo ou para cima, a frequência e os níveis de densificação do corpo astral desdobrado, aumentando ou diminuindo a coesão das moléculas suprafísicas que o formam. Nessas ocasiões, é normal aflorarem situações traumáticas de vidas passadas, facilitando a sintonia dos sensitivos para vivenciarem em si a catarse dos tormentos pretéritos do consulente. Todavia, esses procedimentos devem ser entendidos como mera técnica de apoio mental, assim como os magos brancos de outrora guiavam-se por pontos de fixação de desenhos geométricos que facilitavam a concentração grupal e a criação de formas-pensamento coletivas, importantes para interferência no plano astral.

Entretanto, é um equívoco supor que os sete níveis de condensação do corpo astral, que estão relacionados com os sete subplanos astrais, sejam equivalentes a personalidades passadas, aos fragmentos do inconsciente ou ao que chamam de níveis de consciência. Tais associações, como técnica de apoio para os comandos verbais e as contagens de pulsos magnéticos na dinâmica apométrica, contrariam frontalmente a unicidade do inconsciente.

A consciência, destinada à expansão, tem fluxos e refluxos. O espírito mantém as recordações e a memória quando volta ao mundo dos mortos. Contudo, quando reencarna, sobrevém o esquecimento, sendo a consciência totalmente "absorvida" pelo único e imutável inconsciente. Nesse ir e vir, cada vez que o ser retorna para o Além, sua consciência tende a ser maior e mais expandida que a consciência personificada na encarnação anterior. Sem exceção, a inexorabilidade das leis que regem a evolução determina que a ascese espiritual atingirá a plenitude com uma consciência una, quando o espírito não precisará mais do inconsciente como subterfúgio para suportar, pelo esquecimento temporário, seus desmandos do passado. Terá sublimado pelo esforço próprio o eu inferior que o amordaçava compulsoriamente na rede cármica das reencarnações sucessivas.

Cada nível de condensação (ou faixa vibratória) do corpo astral, para ser superado, não exige uma relação direta com somente uma personalidade. No mais das vezes, impõem-se centenas de encarnações sucessivas para o espírito galgar um outro estágio de sutilização do corpo astral a ponto de alterar a faixa de frequência vibratória que o localiza no plano astral.

A magnanimidade soberana do Criador para com as criaturas, Suas criações, não deve ser subestimada. A Perfeição Absoluta, ao criar as múltiplas diferenciações de personalidade pelas encarnações sucessivas para a vida única e infinita dos seus filhos – destinados a serem individualidades espirituais em eterna evolução –, precaveu-Se, mantendo as experiências transatas como se fossem um bloco único arquivado no inconsciente, que momentaneamente mantém desligada a consciência, devido aos desmandos do ego no passado remoto. A busca incessante da expansão consciencial prossegue em cada encarnação, até a conquista perene, inabalável e definitiva do discernimento crístico pelo espírito, que conscientemente subverterá o inconsciente, dando seu grito de alforria do jugo carnal.

Assim, é possível concluir que a matemática proposta, desdobrando cada nível em uma personalidade ou um subnível de consciência que se abre de sete em sete, sucessivamente, tendendo ao infinito quanto mais antigo o espírito, é por demais simplória. Se assim fosse, os magos negros teriam instalado o caos na Terra, transformando-a em verdadeiro e incrementado inferno de Dante. Fariam reprogramações cármicas quais ciganas a lerem a sorte nas praças públicas.

Pergunta: No atendimento apométrico, é certo desdobrarmos cada um dos níveis e respectivos subníveis para localizarmos a fonte do problema? Afinal, são sete corpos, tantos níveis e infinitos subníveis. Também com frequência não sabemos se há processos obsessivos externos nos transtornos anímicos do consulente, se existe apenas um ente obsessor ou mais de um, se é um espírito desencarnado, um encarnado desdobrado, forma-pensamento

artificial ou várias ressonâncias de vidas passadas, tudo ao mesmo tempo. O que devemos fazer?

Vovó Maria Conga: Os filhos que nos perdoem o mugido atravessado, mas esta Preta Velha pede licença ao indiano, mais conhecido na nossa banda como o Caboclo Atlante, para meter a colher na cumbuca alheia e reforçar o ponto do caldo, senão a coisa vai desandar.

Os espíritos benfeitores, Guias e Protetores, por mais conhecimento que tenham, não andam com uma tabuada decorada na cachola. Sabe, nós estamos por aí visitando seguidamente muitos grupos de Apometria da Terra, pois temos compromisso com os que nos autorizam a trabalhar no plano astral assistindo aos filhos nesses trabalhos. Vamos falar bonito, diferentemente do terreiro de Umbanda, que os filhos "apômetras" entendem e apreciam.

Temos visto muito ego avantajado, muito excesso de técnica, muito conhecimento que não quer dizer sabedoria, muita numerologia e fórmulas da física quântica aprendidas num fim de semana previamente pago, que mais parece um cabalístico piquenique festivo contratado, em que cada um procura estalar os dedos mais alto que os outros; e quanto mais vasto o número de bolsões de espíritos sofredores "socorridos" e legiões de magos "retidos" ou "doutrinados", mais pomposos os posteriores relatos estatísticos dos atendimentos coletivos. São feitos em salas de hotéis impregnadas de baixas vibrações pelo excesso de imaginação que compensa as carências afetivas dos filhos e sem nenhum comprometimento com a egrégora necessária, que imanta os locais consagrados ao trabalho habitual. Nesses casos, com o coração entristecido, verificamos uma banalização das desobsessões, que não se traduzem em simplicidade altruísta, mas, sim, num interesseiro e articulado método de atendimento, muito similar, mesmo sendo mais erudito na exposição verbal, à retórica das igrejas salvacionistas, movidos que são pela intenção oculta de angariar dinheiro dos seus divulgadores, "instrutores" da Nova Era.

São tantos os níveis, subníveis, cordões coloridos, corpos, subcorpos, energia das estrelas, reprogramações cármicas, campos de forças de que só os doutores da física entendem os fundamentos, que muitos filhos que almejavam serem deuses poderosos no olimpo da Apometria estão como centauros perdidos na floresta e não sabem mais o caminho de volta à trilha da simplicidade dos espíritos sábios, como Jesus ou Francisco de Assis. O intelecto serenado e o amor aumentado são importantes para que sejam instrumentos mediúnicos dóceis e fiéis. O excesso de racionalização aumenta demais o animismo durante os atendimentos, deixando a rede nervosa como se numa tempestade cheia de raios e escuras nuvens, dificultando ao nosso barquinho do lado de cá chegar nesse mar revolto das mentes encarnadas.

Ah! Ah! Ah! Saibam, meus filhos, quando uma vovó da nossa banda, calejada no atrito dos terreiros da vida, ainda por cima preta e mirongueira, fala, os burricos abaixam as orelhas. Vamos falar bonito para os filhos doutos entenderem: as experiências do espírito milenar vão sendo arquivadas numa espécie de holograma, em que as vivências nas diversas encarnações são específicas ondas vibratórias, "acondicionadas" em um mesmo enfeixamento ondulatório, como se estivessem sobrepostas em uma única escala de frequência, sem início ou fim, caracterizando a unidade atemporal que é o inconsciente. O que fazemos nos atendimentos da Apometria é potencializar as ondulações desse feixe que estão distorcidas e ressoando negativamente por traumas do passado não superados, direcionando-as para os médiuns captarem os estímulos desequilibrantes que aparecem polarizados, impressos na rede sináptica, ocasionando a natural somatização.

No entanto, de nenhuma maneira isso descaracteriza a unidade do inconsciente ou divide-o em "retalhos" ligados aos corpos sutis esfacelados, como se fossem fatias de um bolo. Muito menos se apaga a memória perene ou se reprograma níveis conscienciais outrora vividos que estão a influenciar a atual consciência encarnada.

Quando os filhos se libertarem dos instintos inferiores e do ciclo carnal, terão acesso a todos os registros disponíveis nesse holograma, que nada mais é do que a mente espiritual destinada aos mundos isentos da forma, percebida no universo tridimensional limitado ao plano físico. Entendam que vocês devem se preocupar é com se entregar amorosamente às catarses que liberam os consulentes dos sofrimentos, usar mais os sentimentos e as emoções do corpo astral. Se é forma-pensamento, espírito ou Artificial, é de somenos importância no ato do atendimento, pois muitas vezes somente alguns espíritos especializados nessas lides no Além – antigos magos e alquimistas que hoje trabalham na faixa dos Exus – conseguem detectar essas pequenas diferenças.

Observações do médium

Como somos qual São Tomé – temos que ver para crer –, seguidamente certas "coincidências" nos ocorrem, sendo Ramatís habilidoso em mandar esses recados "casuais" para a manutenção da nossa confiança, como ele bem nos orienta a respeito:

> "Vocês médiuns são instáveis devido à sua intrínseca natureza psíquica, algo buliçosa, potencializada antes de reencarnarem. Como um rádio que necessita seguidamente de ajustes na sintonia para não recepcionar muitas estações emissoras em curto tempo, recebem do lado de cá, com frequência, para não ficarem com os nervos em cacos, as comprovações regulares do que vivenciam mediunicamente. É como se fossem coordenadas para mostrar-lhes que a localização do dial de frequência radiofônica está exata, dando-lhes segurança e convicção interna do rumo do seu frágil barco existencial, que está navegando transitoriamente no mar tempestuoso da mediunidade socorrista, roteiro aceito para a sua própria bem-aventurança espiritual".

Após escrevermos esta última resposta, sintonizados com as vibrações e o pensamento de Vovó Maria Conga, chegou-nos, por e-mail, um artigo chamado "O cérebro holográfico", extraído por um amigo do site do Laboratório Holográfico da Universidade Federal de Minas Gerais (UFMG), sob a responsabilidade do professor Lindsley Daibert. Os conteúdos desse artigo corroboram as afirmativas de Vovó Maria Conga sobre o fato de a mente comportar-se como uma espécie de holograma. Em síntese, relaciona os resultados de várias pesquisas que apontam para a possibilidade de o cérebro humano, com seu processo ainda indecifrável de armazenar informações, funcionar como se fosse um holograma:

> "[...] Um dos maiores quebra-cabeças é a maneira pela qual o nosso cérebro armazena informação. Nenhuma relação uma a uma foi detectada entre uma determinada célula cerebral ou grupo de células e um pensamento particular ou memória. Se fosse assim, isto seria possível de ser verificado, pela remoção de áreas selecionadas do cérebro e observação da perda de uma característica particular aprendida. Já 'um dos fatos mais estabelecidos, ainda que mais desconcertantes sobre os mecanismos do cérebro e a memória é que grandes destruições dentro do sistema neural não prejudicam seriamente a sua função'. Lashley e outros descobriram isto pela primeira vez ao remover 80 a 99% das estruturas neurais, como o córtex visual, em vários animais. Eles observaram que, inacreditavelmente, resultava em nenhum efeito sobre o reconhecimento de uma característica visual previamente aprendida. De alguma maneira, a informação estava armazenada em algum outro lugar. [...] Lashley descobriu que '[...] a memória é registrada onipresentemente através do cérebro'. Pribram percebeu espantosas similaridades entre este conceito e a teoria holográfica convencional. [...] Rodieck demonstra 'que as equações matemáticas descrevendo o processo holográfico encaixam exatamente com o que o cérebro faz com a informação'. Isto é mais que uma coincidência? [...] Em suma, Pribram nota que [...] 'A hipótese holográfica serve portanto não apenas como guia para a experiência neuropsicológica, mas também como possível ferramenta no entendimento dos mecanismos envolvidos em problemas comportamentalmente derivados do estudo da memória e da percepção'.

E, como Ferguson notou, 'a teoria de Pribram tem ganho crescente apoio e não tem sido seriamente desafiada'."

Pergunta: Se é possível o contato com um Artificial na catarse de um sensitivo, ou com um tipo de forma-pensamento densa e manipulada pelos magos negros, há riscos em pedir que um dos médiuns dê passividade nesses casos, sob pena de influenciação, visto que estaremos mexendo com forças poderosíssimas e que nada temem?

Vovó Maria Conga: Bom, já que esta preta está por aqui perto mesmo, vamos continuar com a colher na cumbuca desse Caboclo Atlante de Ogum, que é mais conhecido da maioria dos filhos como o indiano do turbante de pedra verde.

Se há dúvidas do dirigente quanto ao amparo espiritual diante das tarefas assistenciais que se apresentam ao grupo, há que se rever todo o método de trabalho que o alicerça. Na Umbanda há um aforismo popular que diz: "árvore de galho torto não dá para ser toco de preto velho", ou seja, se os médiuns podem ficar influenciados após os trabalhos é porque não estão preparados para trabalhar com Apometria ou outras tarefas de socorro. Se assim está ocorrendo, os filhos devem rever a fé nas forças crísticas que se aglutinam quando há um ou mais seres reunidos em nome de Jesus para fazer a caridade.

Vamos repetir um ditado que sempre dizemos aos "cavalos" que estão iniciando: no vasto campo do socorro de Nosso Senhor, não olhamos os dentes nem o pelo dos burricos que se apresentarão ao nosso arado, pois o que nos importa é lavrar a terra para a boa semeadura. Façam como Jesus fazia, atendam a todos sem receios e tenham amor e perdão nos corações que nada atingirá os filhos.

Pergunta: Supondo que saibamos que é uma forma-pensamento dessa envergadura, um Artificial fruto das artes da magia usada para o mal, como eliminá-lo, se for esse o correto procedimento? Poderia ser tentada uma permuta, uma negociação?

Se sim, que tipo de negociação? Que troca um ser como esse aceitaria?

Ramatís: A catarse que se verifica com o médium, que é acompanhada por intenso campo magnético, peculiar à força centrípeta dos corpos astrais e etéreo desacoplados, aliada à liberação de elevada quota de energia animalizada pela ativação dos chacras, repercute ao nível glandular, liberando hormônios e mediadores fisioquímicos, fazendo com que estes ajam como detonadores de cargas negativas, sendo na maioria das vezes o suficiente para desintegrar completamente esses morbos destrutivos conhecidos como Artificiais.

Todavia, persistindo a existência de algo tão deletério, pode-se criar um campo de força triangular e plasmar fogo em seu centro e, concomitantemente às contagens de pulsos magnéticos, entoar cânticos da linha de Pretos Velhos, que são exímios nesse tipo de desmanche. O elemento fogo, devidamente plasmado pelos Espíritos da Natureza conhecidos como salamandras, tem a finalidade de higienizar, desintegrar, cauterizar, enfim, transmutar energias densas para a finalidade de cura. Não se queima ou se chamusca os espíritos obsessores ou socorridos, mesmo na Umbanda, em que utilizamos condensadores materiais como pontos de fixação para doação de energia, como são a pólvora e o álcool, pois a assistência socorrista dos técnicos do astral faz com que os trabalhos desse tipo transcorram sem riscos. Os que desconhecem as possibilidades do elemento fogo estão garroteados num modelo de trabalho puramente mental de doutrinação, o que não quer dizer que os espíritos benfeitores não se utilizem de campos de forças e dos quatro elementos planetários, pois são da natureza e independem das diferenças que alimentam os preconceitos separatistas entre os homens.

Quando se supõe a possibilidade de "negociação", fraquejam-se os alicerces de quem conduz os trabalhos. Isso denota pretensão, pois quem negocia supõe-se preparado para tal, e o conhecimento da justiça cósmica e o respeito ao livre-arbítrio não permitem esse tipo de negociata. O julgamento de tais casos cabe aos maiorais que têm competência adquirida nos tribunais divinos do Além. Se nem sabem o que é justo para vocês, como almejam negociar no trabalho de caridade em nome de uma outra consciência, que por sua vez está envolvida num emaranhado cármico de um bloco de espíritos ligados pelos desmandos no passado? Verifiquem os procedimentos de Jesus, que nunca barganhou com os "demônios", e sim desalojava-os sumariamente, aliviando a todos que o procuravam, cabendo às hostes angélicas que o cercavam o devido encaminhamento de cada individualidade em consonância com a lei cármica.

Pergunta: No caso de pacientes seguidamente atendidos por indicação do dirigente de grupo apométrico, que por sua vez é remunerado pelo tratamento desses mesmos consulentes no seu consultório particular, não fica comprometido o amparo dos espíritos benfeitores à corrente mediúnica?

Ramatís: Não, pois a maioria dos médiuns se entrega gratuitamente e de boa-fé. Uma erva daninha não compromete a beleza do jardim florido. Contudo, no momento justo, o jardineiro incansável estará a postos para ceifar as raízes do mato rasteiro que ameaçar se espalhar. O cidadão que procede egoisticamente em proveito próprio no trabalho mediúnico e que tem consciência das leis de causa e efeito está criando para si algo nefasto para resolução no futuro. Mesmo com as curas realizadas pela entrega desinteressada do grupo, isso não aufere nada positivo no sentido de que ele já está recebendo as benesses do vil metal dos homens e a notoriedade diante dos pacientes, que aumenta a clientela, inflama a chama da vaidade e faz recrudescer o eu inferior.

Pergunta: A Apometria, por seus desdobramentos coletivos conscientes, ao contrário das experiências que ocorrem com o corpo astral projetado durante o sono físico com rememoração parcial, se vale mais das impressões do corpo mental no universo astral?

Ramatís: O que determina que sejam conscientes os desdobramentos coletivos dos grupos de Apometria é o fato de o corpo etéreo não estar desacoplado totalmente. Quando vocês dormem, ocorre de o corpo etéreo se projetar fora do corpo físico, fato dispensável dentro das atividades socorristas da Apometria.

O corpo astral pode perfeitamente estar desdobrado sem entorpecimento ou catalepsia letárgica, e assim o sensitivo narrar todas as ocorrências do plano astral, conscientemente, pelo magnetismo da egrégora grupal que se instala. Da mesma maneira, de acordo com a sensibilidade inerente a cada um, existem médiuns que têm maior facilidade de projeção em corpo mental, também narrando os cenários do lado de cá, contudo sem vivenciar em si a catarse emocional, como ocorreria se estivesse com o corpo astral desdobrado.

Há que se considerar que os níveis de consciência e rememoração dos médiuns, seja durante o sono físico, no transe mediúnico ou nos desdobramentos induzidos pela técnica apométrica, são determinados pelas experiências de vidas passadas e pelos "dons" que foram potencializados no seu corpo astral pela sensibilização dos técnicos nessas lides antes de reencarnarem. Logo, a maior ou menor facilidade de desacoplamento do duplo etéreo, que por sua vez determina a qualidade das lembranças, desde as parciais até a consciência total, nada mais é que uma resultante dessa intervenção do lado de cá, antes da reencarnação e de acordo com os futuros compromissos do médium, plenamente acordados com os espíritos que o assistirão. Por isso, não adiantam muito os exercícios e os cursos rápidos de projeção astral, pois se o ser não tiver em si essas potencialidades, elas não se farão manifestar de uma hora para outra.

Observem que quando as trombetas soam em chamamento nos refolhos da alma, essas experiências começam espontaneamente, inequívocas, e num primeiro momento levam o sensitivo ao desequilíbrio, fato que o obriga, pela dor e pelo sofrimento, a buscar reajustar-se pela mudança íntima, moral. Essa forma de educação o credenciará com segurança às incursões no vasto universo astral.

Pergunta: Quais os cuidados que devemos manter para termos os veículos inferiores – corpo físico e duplo etéreo – "moldados" em condições de influenciar positivamente os desdobramentos dos corpos astral e mental com lucidez, sem perda total da consciência, a ponto de nos lembrarmos das "viagens" nas dimensões suprafísicas?

Ramatís: O corpo físico e o duplo etéreo constituem os veículos mais densos e grosseiros de manifestação do espírito. Quanto mais vocês se servirem desses intermediários, ao contrário de servi-los, mais estarão se aprimorando. Se o corpo físico for um barco à deriva no mar revolto dos vícios, das sensações e dos hábitos rasteiros, exageradamente valorizados pela maioria dos cidadãos, como o são a glutonaria, o sexo, as drogas e as bebidas alcoólicas, maiores serão suas dificuldades para os desdobramentos conscientes. O duplo etéreo, sendo uma cópia do corpo somático, espécie de negativo fotográfico, adensa-se proporcionalmente à vida desregrada na carne, aumentando o magnetismo animal que envolve os corpos inferiores.

Quanto aos hábitos dos médiuns, ressaltamos que o carnivorismo atua "inflando" o corpo etéreo, similar a uma silenciosa bomba de encher pneumáticos, deformando-o pela intumescência pastosa, de odor desagradável, com intensas emanações voláteis pútridas e pegajosas. Aumenta a imantação ao invólucro físico, prejudicando, quando não impedindo totalmente, os desdobramentos do corpo astral.

O álcool é potente detonador desse veículo eterizado. Por ser altamente volátil, quando em excesso repercute destrutivamente na tessitura do duplo etéreo. Essa volatilidade é benfazeja em pequenas concentrações, como as utilizadas nas dinamizações dos medicamentos homeopáticos, que são de inestimável valia para se atingir certas funções energizantes latentes na contraparte etérea dos órgãos físicos, o que, pela natural força centrípeta que mantém os corpos inferiores agregados, rapidamente ocasionará efeito curativo no corpo físico.

No entanto, ocorre que os drinques e as bebidas espumosas geladas – cervejas – são sorvidos avidamente aos litros para o entorpecimento euforizante dos sentidos humanos, que alteram o psiquismo. Dessa forma, são altamente prejudiciais às funções do duplo etéreo. Pela volatilidade natural dos alcoólicos que ingerem com sofreguidão, nos estados de embriagues, os eflúvios oriundos desses compostos orgânicos fermentados, ricos em átomos de carbono saturados que oxidam rapidamente em contato com o metabolismo corpóreo, o duplo etéreo é encharcado destrutivamente, "desacoplando" violentamente o corpo astral. É como se este ficasse desencaixado do campo áurico, estabelecendo-se uma abertura para os insaciáveis bebedores do além-túmulo, que ocuparão essa janela vibratória como se esses indivíduos fossem verdadeiros repastos vivos.

Obviamente, de nada adiantam os hábitos saudáveis para a manutenção dos veículos físicos se os pensamentos estiverem desalinhados, negativos, recheados de egoísmo, ódio e vaidade. Por meio das sinapses nervosas do cérebro, que descem por impulsos elétricos pela medula espinhal, e suas ramificações por todo o corpo físico, afetam as glândulas endócrinas, desestabilizando-as, enquanto os chacras estarão desalinhados em seus giros.

Nada pode ser feito no plano físico sem o cérebro e o sistema nervoso, que para estarem harmonizados devem ser submetidos conscientemente à vontade, que domina os pensamentos rebeldes, recheados de negatividade, do ego. Extinguindo-os gradativamente, realimentando o ciclo pensante com otimismo, confiança, ideias positivas, fraternas e altruístas, de elevado cunho espiritual, é possível mudar as somatizações negativas para positivas. Com isso advém a calma, a serenidade e o relaxamento psíquico fundamentais à meditação, que abre o canal da mente com as ideações do eu superior, expandindo a consciência. Sutiliza-se assim aos poucos o duplo etéreo pelo domínio do corpo físico, que será o servo do ser, e não mais o carrasco impiedoso dos instintos sensórios descontrolados, ampliando-se assim suas percepções do universo sutil dos planos astral e mental.

Pergunta: Pedimos maiores informações sobre as repercussões etéreas e as afinidades que atraímos do plano astral que dificultam a expansão de nossas capacidades psíquicas e anímicas, necessárias para nos desdobrarmos conscientemente nos trabalhos de Apometria.

Ramatís: Os médiuns que se dispõem a ser instrumentos de socorro e cura nos grupos de Apometria devem zelar pela "pureza" dos seus veículos densos – tendo-se por pressuposto básico que tenham realizado a imprescindível evangelização individual, que se expressa em ações práticas na vida diária. Por outro lado, todo o esforço requerido para os ideais superiores de auxílio e amor ao próximo serem interiorizados, num médium viciado em drogas ou alcoolista, é maior. Não que não seja instrumento de socorro, mas terá enormes dificuldades, quando não completo impedimento, de doar fluidos adequados para as curas espirituais levadas a efeito pelos técnicos do lado de cá. Suas emanações serão prejudiciais pelos efeitos dos eflúvios alcoólicos, como mencionamos anteriormente. Quando muito esse sensitivo, se for médium, servirá de "isca" aos bebedores desencarnados, sobrecarregando os demais membros da corrente mediúnica nos diversos trabalhos apométricos.

Nesta era do mentalismo, parece-nos que muitos espiritualistas estão esquecidos da "pureza" do corpo físico. Ao contrário, preocupam-se exageradamente com as purificações espirituais, algo compungidas e chorosas. Equivocadamente entendem que tudo é mental no reino espiritual, desconsiderando a importância dos corpos inferiores harmonizados. Empanturram-se de finas iguarias sanguinolentas bem temperadas e requintados drinques, afirmando que isso é de somenos importância, enquanto sorvem um tabaco esfumaçante. Esse é um modelo distorcido de valorização do espírito, que não valoriza a harmonia dos veículos físicos, tão cultivada pelos místicos e iogues de todos os tempos.

Quanto às emanações etéreas de baixa qualidade, "vaporizadas" constantemente em volta de suas auras, elas são atraídas pelo metabolismo a que se afinam, larvas, vibriões, miasmas, bacilos psíquicos e formas-pensamento pardacentas e pegajosas que vagueiam errantes. Esses habitantes nocivos do microcosmo astral, micro-organismos flutuantes à procura de um hospedeiro, criam no éter específico que cerca o campo áurico, decorrente do metabolismo e das quebras proteicas que mantêm os seres vivos na carne, um tipo de limo viscoso, malcheiroso e putrefato. Quando continuamente reforçado pela conduta desregrada do espírito encarnado, se fortalecem os laços de afinidade que atrairão os desencarnados presos na crosta planetária pela busca desenfreada das satisfações que a ausência do corpo físico os impede de saciar.

Por exemplo, os indivíduos que se embriagam costumeiramente no plano físico são cercados por hordas de "mortos bêbados", que se empurram para se fixarem em seus chacras do duplo etéreo, quais carrapatos em couro de bovino, a fim de se verem saciados em sua sede enlouquecedora. Ao mesmo tempo, por um mecanismo que se nutre dos desequilíbrios, robustecem as formas-pensamento geradas pelos desencarnados ébrios, sensuais, concupiscentes e viciados, vampirizadores errantes que enxameiam do lado de cá à volta de bares e boates terrenas, aumentando os laços simbióticos que os farão cada vez mais dependentes da garrafa.

Isso vale para todos, mas é intensificado nos médiuns e sensitivos: quanto mais coisas impuras ingerirem, tanto mais grosseiras serão suas percepções, pela escravidão do corpo físico às sensações desregradas. Como poderão adquirir a sutileza psíquica para explorar as dimensões suprafísicas se não dominarem seus veículos inferiores de manifestação do espírito? Uma criança que ainda não dá os primeiros passos no seu quarto não conseguirá andar de patinete na ladeira do quarteirão. Antes de escrever os cenários e as experiências da alma, o escritor deve aprender o alfabeto, as regras básicas de ortografia e gramática. O barítono não entoa o cântico majestoso que fascina sem antes saber se expressar no idioma original das frases sonoras magnificamente compostas.

Que vocês entrem nos antros de perdição, estendam as mãos às prostitutas, segurem os bêbados em queda, socorram os drogados desfalecidos, enfim, estejam na linha de frente da caridade sem sucumbir, assim como fazia o Cristo-Jesus, plenamente consciente e autorrealizado pela frugalidade com que tecia os corpos inferiores que o serviram na sua missão hercúlea na Terra.

Pergunta: Ficamos algo confusos: nem todos os sensitivos são médiuns?

Ramatís: Nem todos os sensitivos são capazes de dar precisas e inquestionáveis comunicações de um espírito desencarnado. Podem sentir dores, angústias, medos, pavores, fobias e os mais diversos sentimentos, tanto de encarnados como de desencarnados, mas não chegam a ser médiuns para servirem de instrumentos comunicantes dos espíritos desencarnados. Em verdade, é tênue a linha divisória entre um e outro. Basta ao sensitivo se desdobrar e observar o mundo astral, descrevendo os cenários, que tal tarefa pode ser mediúnica, desde que haja um espírito o assessorando e potencializando suas percepções. Mas no sentido estrito da mediunidade, que é servir de instrumento para a comunicação dos espíritos entre duas dimensões vibratórias, não podemos afirmar categoricamente que todos os sensitivos são médiuns. Contudo, todos os médiuns evidentemente são sensitivos. Ademais, sendo todos espíritos, cada vez mais terão suas capacidades anímicas e psíquicas ampliadas, tornando-se irrelevante se são vocês, um espírito amigo, encarnado ou desencarnado, que está a se comunicar, pois o que importa são suas potencialidades crísticas despertadas.

Pergunta: Gostaríamos de maiores detalhes sobre a fisiologia das emanações etéreas.

Ramatís: A Física da Terra há muito comprovou que as modificações que sofre o corpo físico são acompanhadas por campos eletromagnéticos. Ora, milenarmente é sabido que quando se estabelecem correntes magnéticas se cria um campo etéreo, que, a *grosso modo*, nada mais é que a repercussão do efeito físico em uma forma material mais sutil e rarefeita que a gasosa – o éter. Essas emanações caracterizam uma ponte vibratória com o plano astral. O éter tem mais de um estado de condensação do fluido cósmico universal (há três níveis ou "tipos" de éter, bem conhecidos dos ocultistas)**, sendo que as correntes etéricas que cercam mais diretamente o corpo físico estão relacionadas aos átomos do plano material e suas decomposições, que geram as substâncias etéreas durante as descargas eletromagnéticas próprias do seu metabolismo animal. Sendo assim, o duplo etéreo é o somatório dessas "erupções" energéticas e tem por finalidade ser intermediário para o físico das energias cósmicas que o interpenetram fluidicamente por meio dos chacras

Pergunta: Na dinâmica do atendimento apométrico, que "depende" dos desdobramentos dos sensitivos para atuar no plano astral, observamos seguidamente que uns médiuns têm mais facilidade em descrever os cenários e as imagens astrais, outros em narrar emoções e sentimentos num emaranhado de dor e sofrimento, parecendo que brotam de suas entranhas tais percepções.

** Juntamente com os estados sólido, líquido e gasoso da matéria, que os precedem em densidade, os quatro tipos de Éter – Éter I, Éter II, Éter III e Éter IV (também conhecidos como Éter Químico, Éter de Vida, Éter Luminoso e Éter Refletor) – compõem os sete níveis ou estados de densidade do mundo material. Os três primeiros compõem o nível chamado Denso, e os quatro últimos, o nível Etéreo. Nota-se, dessa forma, que níveis de densificação da substância/energia, num determinado plano, não correspondem a "subcorpos" ou "personalidades". Temos no corpo físico denso matéria de quatro estágios de agregação, mas nem por isso ele deixa de ser e funcionar como unidade indivisível. O mesmo ocorre com o corpo etéreo, integrado por três estágios de frequência do Éter. E assim sucede com os demais veículos, porque "o que está em cima é como o que está em baixo".

Uns raramente descrevem paisagens das dimensões suprafísicas, mas têm grande facilidade para manifestar as catarses, outros são mais "visuais": sem arroubos de emotividade. Quais os motivos dessas diferenças?

Ramatís: Os médiuns devem ter claro as "funções" perceptivas dos seus corpos astral e mental. Há peculiaridades de um em relação ao outro no extenso universo das percepções do plano astral, dimensão vibratória que é utilizada para a maioria dos atendimentos apométricos. O corpo astral, onde se localiza a sede das sensações, é muito sensível às emoções e aos sentimentos e tem seus receptores nos chacras inferiores: cardíaco, gástrico, esplênico e básico, por onde se dá a sintonia para as catarses dos sensitivos.

Ocorre que há duas formas peculiares de incursão no plano astral. A costumeira, de maiores riscos, uma vez que o médium pode ser mais facilmente ludibriado em suas percepções, é quando se encontra desdobrado no corpo astral projetado no plano astral. É oportuno esclarecer novamente que nem todo desdobramento é uma projeção, pois o ser pode estar desdobrado em corpo astral no plano físico, como nas situações em que se enxerga fora do invólucro carnal caminhando em sua residência ou pairando acima da cama – ocorrências nas quais é como se fosse translúcido – e consegue tocar os objetos materiais, penetrando-os sem senti-los ao tato. Isso não quer dizer que esteja no plano astral, pois suas percepções estão estreitas e fixas no mundo físico, apegadas às questiúnculas diárias. Nesses casos, pode haver assédios dos desocupados presos na crosta planetária, que não conseguem penetrar na dimensão astralina por estarem sedentos das emanações fluídicas do amontoado de nervos e músculos de quando estavam encarnados.

Por outro lado, quando o médium está em desdobramento projetivo no plano astral, utilizando seu corpo astral, é ludibriado com regularidade por suas próprias emoções deseducadas – são formas-pensamento e ideoplastias emitidas por seus adestrados habitantes, geralmente os que se encontram contrariados com os visitantes "intrusos". Sendo assim, nos grupos de Apometria, apoiamo-nos nesse veículo inferior, o corpo astral dos médiuns, com suas capacidades sensoriais, para canalizar emoções e sentimentos desequilibrados dos espíritos sofredores, que se harmonizam após as catarses exaustoras que fluem pelo psiquismo dos sensitivos.

Entretanto, precisamos dos relatos descritivos de alguns cenários do plano astral para a criação das formas de pensamento grupais em que nos apoiamos para as curas, por isso nos utilizamos dos corpos mentais dos médiuns desdobrados, por intermédio dos chacras superiores, coronário e frontal, atuantes no plano astral – raramente conseguem entrar no plano mental. Podem atuar na dimensão astralina com o corpo mental, nunca com o corpo astral na dimensão do plano mental, por simples bloqueio da frequência vibracional mais alta, que interpenetra a mais baixa, mas nunca o contrário. Nesses casos, por meio da clarividência, as imagens astrais e os painéis pictóricos criados pelos técnicos socorristas são percebidos com maior clareza e estão "imunes" às armadilhas dos magos negros, que buscam confundir e atrapalhar. Essas imagens criadas do lado de cá e percebidas pelo agrupamento terreno, formando as egrégoras, são importantes e fundamentais para a correta utilização das energias doadas necessárias às curas e que são potencializadas pelos cânticos e pelas contagens pausadas comuns na Apometria.

Quanto aos corpos sutis inferiores, estes são desdobrados e projetados no plano astral, sendo instrumentos para as catarses que liberam os espíritos sofredores e consulentes aflitos em transtornos anímicos-obsessivos.

Dadas as especificidades individuais de cada sensitivo, em alguns nos apoiamos em seus corpos astrais, em outros em seus corpos mentais. O gado vive nos gramados verdejantes da crosta planetária, os peixes nadam nas águas profundas, as minhocas rastejam no interior escuro do solo, as aves planam nos ares acima das montanhas, ou seja, no mundo físico cada ser vivo habita o meio que lhe é afim para a vida. Assim, nos planos suprafísicos, os homens sintonizam com vibrações adequadas ao seu alcance psíquico e de acordo com as percepções desenvolvidas ao longo da sua existência espiritual. Os galiformes não sobem em bananeiras, os primatas não chocam ovos, os felinos não andam saltitando nas árvores de galho em galho, e os humanos não cacarejam acocorados em poleiros. As conexões da cadeia evolutiva, psicobiofísica e espiritual da Terra, em toda sua plenitude e esferas dimensionais, fogem à compreensão dos cidadãos comuns pela superficialidade temporal com que observam as coisas da Natureza Cósmica que rege os movimentos ascensionais da sua espécie.

Pergunta: Quanto às características do corpo astral desdobrado durante o sono físico, são as mesmas que ocorrem durante o atendimento no grupo de Apometria?
Ramatís: O desdobramento do corpo astral durante o sono físico difere dos provocados na Apometria, embora suas "funções" permaneçam as mesmas.

Quando o corpo astral se desdobra com a indução magnética realizada pelas contagens de pulsos na dinâmica apométrica, o sensitivo não entra num estado letárgico como é o atingido no período em que dorme. É importante não esquecer que o corpo etéreo é o mediador entre os corpos físico denso e astral: quanto mais afastado do fardo carnal o duplo etéreo, tanto maior é o estado letárgico. Isso não quer dizer maior ou menor lembrança da experiência ocorrida em desdobramento, o que está diretamente relacionado com a dilatação do corpo mental e a sutilização do corpo etéreo como transmissor das impressões, como se "afrouxasse" a força atrativa de magnetismo animal que o retém imantado ao escafandro de carne.

Nos atendimentos dos grupos de Apometria, o corpo etéreo fica levemente desacoplado, facilitando a doação de energia animal sem os estados cataléticos ou os desfalecimentos sonambúlicos. Durante o sono fisiológico, e com mais facilidade nos indivíduos espiritualizados e de vida frugal, ocorre um leve distanciamento do duplo etéreo, e durante o final da madrugada intensifica-se esse "afrouxamento", como se fosse uma janela vibratória. Quando os corpos astral e mental retornam das suas viagens suprafísicas, esse veículo intermediário etéreo desencaixado, como se estivesse suavemente pendido para um dos lados, num ângulo de até uns nove graus, propicia a percepção sensorial das ocorrências astrais. Esse "desencaixe" favorece a rememoração pelo estado semidesperto do órgão cerebral que se encontra entre a vigília e o sono profundo, precisamente no instante do acoplamento do corpo astral ao corpo físico. Imaginem um *insight* de alta voltagem nas sinapses nervosas no exato momento do encaixe dos corpos.

É de bom alvitre que os sensitivos escrevam suas impressões, registrando os pontos principais imediatamente, se estiverem despertos, sob pena de rememoração difusa, esparsa e truncada após voltarem a dormir e acordarem novamente mais tarde, nas primeiras horas da manhã.

Pergunta: Gostaríamos de saber mais sobre a importância do gestual simbólico e dos pontos cantados, com palavras que são mantras, durante os desdobramentos dos sensitivos nos grupos de Apometria.

Ramatís: Na Apometria, atua-se ativamente na manipulação das energias cósmicas, como agiam antigamente os velhos magos brancos de todas as fraternidades iniciáticas ocultas, desde os idos da nossa saudosa Atlântida. Como vocês ainda não são meramente mentais, necessitam de pontos de apoio para fixação de seus pensamentos para aglutinar as energias "soltas" no cosmo, condensando-as nas formas que visualizam durante os trabalhos. Daí a importância do gestual simbólico, pelo estalar de dedos e contagens, que auxiliam os sensitivos nas concentrações mentais exigidas para a aglutinação das energias cósmicas, que pairam livres em todas as dimensões vibratórias que os envolvem.

Aliando a esses recursos os cânticos, que são poderosos mantras, criam-se as formas-pensamento grupais para socorro. Isso é potencializado pelo fato de os médiuns encontrarem-se desdobrados, na maioria com seus duplos etéreos levemente desacoplados do invólucro carnal, o que estabelece enorme usina grupal de doação de energia animalizada, fundamental para as recomposições de membros esfacelados, os enxertos ectoplásmicos e a desintegração de morbos e transplantes de órgãos etéreos doentes.

Tenham convicção de que a densidade de seus fluidos, escorados nas formas imaginadas por vocês coletivamente, dentro do manancial de recursos da Apometria, é potente modificador da coesão molecular etérea de tecidos doentes, condição fundamental para que consigamos atuar em dimensões vibratórias tão próximas às da matéria. Alia-se à plasticidade natural do plano astral a atuação das mentes desencarnadas dos benfeitores espirituais, que ampliam as ondas mentais dos encarnados para as curas nas regiões visadas.

Pergunta: Seguidamente escutamos críticas de alguns irmãos que estão tendo os primeiros contatos com a Apometria pelo fato de estalarmos os dedos e batermos palmas, como se isso fosse algo espúrio, um cacoete dispensável da Umbanda. Há fundamento em estalar os dedos e bater palmas nos atendimentos apométricos?

Ramatís: Infelizmente, muitos de vocês consideram o ato de estalar os dedos ou de bater palmas reprováveis, de mínima importância diante do mentalismo da Nova Era, quando não são de opinião que é um tipo de maneirismo obsedioso, de "bengala" ou "escora" psicológica de médiuns deseducados, sendo que alguns espiritualistas zelosos da pureza doutrinária cerceiam e impedem as manifestações mediúnicas nesses moldes. Agravando o quadro das interpretações sectaristas, não menos equivocados, seguem uns poucos irmãos estalando os dedos por mimetismo, como camaleões que se adaptam ao meio desconhecido e selvático, sem saberem ao certo os motivos desses suaves estalidos sonoros. Alguns dirigentes apressados adotam as novidades que chegam sem maiores aprofundamentos, tornando os atendimentos nos grupos de Apometria um cenário de estrondosas apoteoses cabalísticas.

Nem tanto lá, nem tanto cá. A verdade é que as mãos e os pés de vocês possuem terminais nervosos que se comunicam com cada um dos gânglios e plexos nervosos do corpo físico e com os chacras do complexo etéreo-astral, como demonstramos a seguir: dedo polegar – chacra esplênico (região do baço); indicador – cardíaco (coração); médio – coronário (alto da cabeça); anular – genésico ou básico (base da coluna); mínimo – laríngeo (garganta); na região quase central da mão, chacra do plexo solar (estômago); próximo ao Monte de Vênus (região mais carnuda logo abaixo do polegar – chacra frontal (testa). Essas terminações nervosas das palmas das mãos são há muito conhecidas da quiromancia e das filosofias orientais.

O estalo dos dedos ocorre sobre o Monte de Vênus, e dentre as inúmeras funções conhecidas disso está a retomada de rotação e frequência do corpo astral, "compensando-o" em relação às vibrações do duplo etéreo, aumentando a exsudação de energia animal – ectoplasma – pela aceleração dos chacras. Com isso descarregam-se densas energias áuricas negativas, além do estabelecimento de certas condições psíquicas ativadoras de faculdades propiciatórias à magia e à intercessão no plano astral. São fundamentadas nas condensações do fluido cósmico universal, imprescindíveis para a dinâmica apométrica e muito potencializadas pela sincronicidade entre o estalar de dedos e as contagens pausadas de pulsos magnéticos.

Já quando batem palmas, sendo as mãos polos eletromagnéticos, a esquerda (-) e a direita (+), quando as duas mãos ou polos se tocam é como se formassem um curto-circuito, saindo faíscas etéreas das palmas. Quando os Pretos Velhos em suas manifestações batem palmas, durante os atendimentos na Apometria, é como se essas faíscas fossem "detonadores" de verdadeiras "bombas" ectoplásmicas que desmancham as construções astrais, os laboratórios e amuletos dos magos negros.

"Apômetras" e umbandistas, unam-se. Continuem estalando os dedos e batendo palmas, sabedores do que estão fazendo, despreocupados, conscientes e seguros de que as críticas se perderão como pólen ao vento.

Pergunta: Como ocorrem as curas pelo pensamento dos sensitivos desdobrados que os direcionam para a área enfermiça, dos corpos físico e etéreo do encarnado ou para o corpo astral do desencarnado?

Ramatís: Os espíritos benfeitores não conseguem interceder diretamente na matéria densa pela sutileza de suas vibrações. Precisamos de veículos intermediários que liberem as energias condensadas necessárias para interferirmos nesses meios densos. Por intermédio da mente dos sensitivos, que atuam do plano físico para os mais sutis, conseguimos interferir do mais rarefeito para o mais sólido, pois estamos lidando com meios de diferente coesão molecular astral e etérea. Embora o princípio mantenedor seja único em sua fonte, a energia provém do infinito reservatório cósmico.

Grosseiramente exemplificando, é mais fácil para um muçum, esse peixe que vive em águas pouco oxigenadas, resistindo na lama coberta de folhas pútridas às diversas estações, vir sem grande esforço até a superfície da lagoa do que um beija-flor imergir nas suas profundezas lodosas. Imaginem a barragem de um rio represado, que se gradua automaticamente nas comportas às forças, que impulsionam as águas pelas turbinas, gerando a energia necessária para acender desde uma lâmpada até a iluminação de uma metrópole de milhões de habitantes. Assim são os médiuns desdobrados, que pelas suas forças mentais propiciam as correntes etéreo-astrais necessárias para movimentarmos as energias no mundo da forma próximo da dimensão vibratória do plano astral.

Pergunta: Em relação aos corpos búdico e átmico, temos informação de que alguns grupos de Apometria os canalizam para manifestações nos sensitivos, os "reprogramam" e realinham os níveis desses veículos. O que pode nos dizer sobre isso?

Ramatís: A natureza intrínseca dessas elevadas dimensões vibratórias, dos planos búdico e átmico, se quiser transmiti-la, se mostrará um exercício de palavras inúteis, por absoluta falta de equivalência no atual vocabulário humano, e não queremos nos repetir diante dos ensinamentos contidos nos compêndios disponíveis, lavrados pelos ocultistas, místicos e santos da história terrena.

Quanto ao que alguns "apômetras" estão "fazendo" com esses corpos, só temos a dizer que é um exercício de imaginação fantasiosa, fruto da árvore do ego avantajado pelo conhecimento meramente intelectual, alicerçado num método de trabalho técnico-milagreiro. Pelo simples fato de que esses códigos da criação não estão ainda abertos ao conhecimento neste plano existencial, assim como, pelo atual estágio evolutivo da humanidade, não é permitido que sejam descritos pelos maiorais sidéreos, muito menos pelos homens. Tudo o mais que for dito será um exercício de retórica dispensável que só os fará perder o centro, que é a simplicidade amorosa e desinteressada dos que desejam servir ao próximo.

As verdades do Ser Supremo só serão plenamente conhecidas quando os homens tiverem condições de subir os degraus da escada que leva a Ele. Como ainda são limitados, não conseguem compreender o Absoluto, o Incriado. Estão presos à forma, aos fenômenos ilusórios, ante a grandeza do Incausado, o Sem Princípio. Tenham a certeza de que um dia terão a compreensão dessas dimensões vibratórias superiores.

Ao perguntar a Jesus o que era a verdade, Pilatos não se movia pelo interesse sincero, despido da vaidade intelectual. O Divino Mestre, ao calar-se, corroborou os grandes profetas que permaneceram silenciosos quando questionados sobre os segredos do cosmo pelos curiosos incautos. A pomposidade intelectual sem desejo altruísta com que alguns homens procedem por sua arrogância vazia nas lides da "Apometria" denota falta de convicção sobre os valores espirituais alicerçados na humildade que moveu Jesus ao ficar calado diante de Pilatos.

Assédios psíquicos entre encarnados fora do corpo físico

Pergunta: Certa vez, na corrente mediúnica, fomos fulminados pelo olhar de uma médium contrariada com a nossa presença. À noite nos vimos perseguidos por essa pessoa encarnada desdobrada, que tentava nos agredir e matar. Ficamos tão enfraquecidos energeticamente que tivemos que recorrer à natureza para nos refazermos. Um assédio psíquico de um encarnado fora do corpo físico é possível ocorrer, ou foi excesso de nossa imaginação, um tanto impressionável?

Ramatís: Os médiuns que lidam com a magia, que manipulam energias telúricas relacionadas com os quatro elementos planetários, ar, terra, fogo e água, aliadas às enormes quantidades de ectoplasma que envolvem as curas espirituais nos terreiros, acabam desenvolvendo intenso poder mental pelas seguidas concentrações que envolvem os trabalhos na Umbanda. As repulsas, os ódios, os ciúmes e as aversões inexplicáveis, inconscientes, plasmam formas-pensamento selváticas, que tranquilamente podem se comportar como verdadeiros enfeitiçamentos, a ponto de "atacarem" os alvos visados.

Afora essas peculiaridades das emanações mentais, é perfeitamente comum ao encarnado desdobrar-se e, fora do corpo físico, tentar executar os mais sórdidos intentos, acompanhado da egrégora criada pela plasticidade do plano astral, como personagem que volta ao cenário reconstruído do *set* de filmagem.

No caso específico, sua sensibilidade psíquica, altamente impressionável para ser instrumento do lado de cá, também o é em face dos espíritos encarnados. As mentes emissoras independem do envoltório carnal. Num momento em que seus corpos inferiores se encontravam levemente desprendidos durante os atendimentos, foram abalados por um petardo mental de baixas vibrações, o que o levou a fixar-se mentalmente na irmã enciumada, a ponto de essa ligação se "materializar" no plano astral durante o sono físico. É ocorrência em que o espírito assediante se vê momentaneamente tomado de fúria incontrolável, relacionada com ressonância de vida passada traumatizante que existe entre ambos. Como trata-se de médium adestrada no campo da magia, efetivamente você foi envolvido em espécie de enfeitiçamento mental que baixou as vibrações dos seus chacras, advindo o desfalecimento mórbido.

Pergunta: Gostaríamos de maiores considerações sobre isso, pois entendemos que os assédios entre encarnados desdobrados são pouco elucidados. Isso pode ocorrer com todos nós?

Ramatís: A tipologia dos assédios entre encarnados fora do corpo físico é ampla e costumeira, ocorrendo todas as noites durante o sono físico em grande parte dos cidadãos. O encarnado adormecido assume "personalidade" que o liga, pelos laços inconscientes do passado, aos seus automatismos comportamentais e aos liames imorais contra outros encarnados. As obsessões entre encarnados, ordinariamente, demonstram que muitas vezes não basta a aparência social perante a coletividade se o ente não interiorizou o comportamento evangélico nos recônditos da alma. Por outro lado, em médiuns que não aprofundaram o processo de autoconhecimento, esses ataques psíquicos se mostram mais temíveis, pois existem hordas de espíritos desocupados no além-túmulo ávidos de prestar serviços desditosos para aparelhos deseducados, aos quais se vinculam como se invadissem uma construção abandonada.

Dessa forma, os pensamentos de ódio, concupiscência, ciúme, inveja, quando conjugados com o ato de vontade do medianeiro, estabelecem condições mentais para a atuação no desprendimento em corpo astral, que imediatamente se projeta ao objetivo estabelecido pela mente do sensitivo. Isso feito, os desejos irrompidos de vingança, sexo, comida e bebidas são facilmente realizados por meio dos "sonhos" realísticos dos cidadãos: a vizinha sensual torna-se dócil presa, o chefe déspota do escritório é sadicamente estrangulado, as drogas, bebidas e finas iguarias sobram em mesas bem-postas, a colega concorrente à promoção é enforcada, o carro novo do cunhado é todo amassado, e assim, sucessivamente, vão os homens dando vazão aos seus sentimentos represados pela capa hipócrita de que se vestem nas suas vidas diárias.

Pergunta: Nunca estamos seguros, pois além dos desencarnados temos que nos cuidar dos encarnados, incursionando por aí fora do corpo físico?

Ramatís: A mente é potente dínamo, e os pensamentos são energia, formando matéria etéreo-astral. Além dos encarnados fora do corpo físico e dos desencarnados, não esqueçam das formas-pensamento que pairam na crosta planetária, todos compondo a orquestra das fraquezas psicológicas, como frustrações, medos, traumas, contrariedades, insânias, irritações, e o maior dos adubos que fortalecem as movimentações dos seres: a busca dos gozos sensórios.

Embora a grande massa da população não domine conscientemente as saídas do corpo físico, isso não quer dizer que não efetuem excursões em desdobramento. Por esse motivo, o acesso ao conhecimento antigamente era classificado em graus iniciáticos nas fraternidades fechadas. Os ocultistas do passado exigiam provas da capacidade moral e do entendimento das lições recebidas pelo futuro adepto no transcurso do seu aprendizado como neófito. Os magos brancos avaliavam a educação dentro das leis de causa e efeito antes de revelarem os segredos ocultos no vasto campo fenomênico do mundo astral e dos desdobramentos dos corpos inferiores. Sabiam que descortinado o véu para o profano despreparado moralmente, corriam o risco de o instrumentar para os desmandos por sua incapacidade de educação dos sentimentos. Impunha-se conhecer profundamente o perfil psicológico dos futuros viajores astrais, aprendizes da magia cósmica. Na atualidade, a informação é adquirida em cursos e simpósios de fim de semana regiamente remunerados, em que os instrutores não avaliam nem se preocupam com as ferramentas que estão passando, muito menos com a continuidade da assistência, como faziam os gurus de outrora, dedicados ao áspero labor de preparo moral e psicológico dos neófitos.

A segurança será encontrada na vigilância mental, nos bons sentimentos e no Evangelho praticado. Ademais, essas incursões entre encarnados que se visitam na crosta durante o desprendimento natural imposto pelo sono físico são a primeira porta para a entrada nas regiões umbralinas inferiores, sendo que, no mais das vezes, surpreendentemente, são os habitantes da superfície planetária que obsediam os viventes das cidadelas da subcrosta. Assim, como demonstrado no capítulo "Correntes astrais coletivas de pensamentos parasitas", vocês são arrastados qual folha ao vento para paragens em que se satisfarão na busca desenfreada dos gozos carnais. A facilidade com que entram nesses antros de perdição sensorial animalesca é inversamente proporcional à dificuldade que encontram para se desligarem dos companheiros das sombras, que tudo farão para não perderem seus preciosos repastos vivos.

Pergunta: Cremos que as ressonâncias de vidas passadas são fatores inconscientes que predispõem aos assédios psíquicos entre encarnados fora do corpo físico. Quais suas considerações a respeito?

Ramatís: Sem dúvida, as reverberações do inconsciente para o consciente existencial do espírito influenciam seus automatismos de comportamento no corpo físico, e mais intensamente fora dessa vestimenta grosseira. Um exemplo é o de um pai que assedia a filha durante o sono para concretização de intercurso sexual, sendo que em existência pregressa foram amantes, aflorando a atração do atual progenitor, sem causa aparente, na adolescência da jovem. Outro exemplo é o caso de uma mulher que foi feiticeira vodu na América Central e hoje é pobre negra da periferia urbana, saindo à noite do corpo físico e assumindo a personalidade da poderosa sacerdotisa de outrora, atacando seus inimigos encarnados do presente como se fossem bonequinhos espetados com agulhas.

O presente e o passado misturam-se. A mente, liberta das grades retificativas do corpo físico, amotina-se, assumindo comportamento rebelde em corpo astral. No atavismo que é próprio aos homens, podem verificar que o ser é único, atemporal. As reminiscências latejantes do passado, quando não amainadas pela profunda mudança do espírito transformado moralmente pela conduta evangélica, estabelecem fortes injunções que acabam se transformando em ações, no vasto território do psiquismo, que derrubam as muralhas impostas no presente, buscando as satisfações dos desejos irrefreáveis.

Relato de caso 2
(27/10/2003)

Consulente: PHCC
40 anos
Sexo feminino
Solteira
Umbandista

História clínica

Apresenta insônia há 4 meses, o que a está deixando completamente exausta. Nesse período começou a sofrer de constipação, sem causa aparente e com diagnóstico médico inconcluso, não definitivo, mesmo após ter feito vários exames. Não tem apetite, pois apresenta pânico só de pensar em comer e não conseguir fazer suas "necessidades fisiológicas" – a cor das fezes é anormal, preta. Estado geral de emagrecimento e fraqueza, tendo desmaiado duas vezes na semana anterior ao atendimento. Apresenta sensibilidade mediúnica não educada. Ultimamente pensa com frequência em desistir da vida, sendo que nos últimos dias está "como que segurando-se num último fio de vida, e a vontade de suicidar-se é muito forte". Estado geral de perturbação e confusão mental. Faz tratamento medicamentoso para dormir, caso contrário passa as noites insones.

Diagnóstico

Com o desdobramento induzido por meio de contagem de pulsos magnéticos pelo dirigente do grupo, constatou-se que a consulente se desdobra todas as noites e foge para um cemitério da cidade que tem contraparte no astral inferior numa organização especialista na vampirização fluídica de cadáveres e corpos etéreos. Tendo a concepção inconsciente de que os mortos dormem para sempre, fica como que um "zumbi" ao dispor de um bolsão de espíritos sofredores que atuam nas tumbas mortuárias e que sugam suas energias vitais. No seu plexo solar estão cravadas sete ponteiras de aço, formando intenso campo de força, tendo sido implantado em um ritual de magia negra, que prejudica o intestino e o processo digestivo, visando ao seu desencarne por um método de inanição e fraqueza geral que a conduzam a se matar.

Atendimento, técnicas e procedimentos

No começo do atendimento, durante a limpeza energética da consulente, esta foi impregnada com luz índigo e princípio ativo etéreo do medicamento Sulphur 30C, para potencializar o expurgo energético e físico das toxinas apresentadas. Por intermédio dos Exus que dão apoio ao grupo e da mobilização de falange socorrista que atua nesse tipo de socorro nas tumbas mortuárias, foi capturado todo o bolsão de espíritos sofredores que estavam perdidos no cemitério e eram escravizados pela organização. Ao mesmo tempo, retiraram-se as ponteiras de aço, desfazendo assim o campo de força enfermiço que estava localizado sobre o plexo solar. Os Pretos Velhos mobilizaram ervas astrais e fizeram uma higienização etérea de todo o intestino da consulente. Com o elemento fogo, criaram uma espécie de amálgama dessas plantas com o ectoplasma dos médiuns e colocaram sobre todo o corpo astral da atendida. Com o apoio dos Espíritos da Natureza, que aceleram a velocidade dos átomos astrais, afrouxando a coesão molecular etérea, foi colocado um "enxerto" de um tipo de prótese ectoplasmática, que encaixa perfeitamente, como um molde específico, no conjunto de órgãos prejudicados do aparelho digestivo do duplo etéreo. Isso ocorria pelo baixo campo vibratório implantado por processo de magia negra durante o sono físico da consulente. Por último, um médico extraterrestre do astral procedeu à fixação vibratória desses órgãos novos – para não haver rejeição, como se fosse uma cirurgia de transplante na Terra. Ainda foram alinhados os chacras e feita uma despolarização de memória da consulente, visto que apresentava ressonância de vida passada. Tudo isso foi feito com o apoio dos cânticos dos Orixás da Umbanda, concomitantemente aos comandos verbais apropriados da técnica apométrica.

Orientação

Procurar psicólogo terreno para trabalhar a autoestima e aceitação da vida atual. Recomendado persistir na educação mediúnica, que apenas está sendo iniciada. Ler textos espiritualistas que a levem à compreensão das leis de causa e efeito que delineiam as reencarnações.

Conclusão e histórico espiritual

Havia vários transtornos anímicos, fazendo com que a conclusão do caso fosse um tanto complexa. Tendo sido muito bonita em existência pretérita, bela, sensual e dominadora, teve todas as facilidades e mimos de uma proprietária de casa de facilidades, algo como um prostíbulo atual, mas com todo o luxo, poder e riqueza encontrados em Paris, na França da Idade Média. Hoje, sendo de estereótipo físico que não atrai os olhares masculinos, vê-se envolta em correntes mentais parasitas autoinduzidas que a levam a procurar inconscientemente morrer, num franco desajuste reencarnatório, pois conscientemente não aceita ser feia, pobre e descasada, gerando um processo de auto-obsessão, mórbida ressonância de vidas passadas, em sintonia com comunidade de espíritos dementados perdidos no passado remoto em mesma faixa de pensamento. Isso tudo ocasionou estigma cármico com núcleo obsessivo na família. Em sua casa, mãe e filha estão transtornadas. Foi realizada despolarização de estímulo de memória.

Revisão – 03/11/2003

Em revisão apométrica, constatou-se que o intestino está funcionando normalmente, a consulente sente-se melhor. Às vezes ainda fica desanimada, sobretudo no final de semana quando se sente só. O relacionamento do núcleo familiar visivelmente melhorou. Está começando sua educação mediúnica na Umbanda e diz que tem conseguido manter elevada sua autoestima.

Observações do médium

Nesse atendimento, foi percebido um quadro ideoplástico de uma vida passada da consulente em que ela se apresentava como uma sacerdotisa entre vários homens e mulheres que dançavam em volta de uma fogueira sob um céu de lua cheia, vestidos de preto e roxo, acabando esse ritual numa festa de sabá, tipo de orgia sexual em que num êxtase coletivo canalizavam toda a quota de energia liberada para se fortalecerem como feiticeiras. Ao mesmo tempo, houve a manifestação de entidades sofredoras cristalizadas nos desmandos sexuais gargalhando alto em poses sensuais. Por intermédio dos cânticos – pontos – de Mamãe Oxum, foram todas recolhidas em malha magnética e encaminhadas para uma estação transitória, corretiva e de socorro sob a égide da Umbanda, no Umbral inferior. Foi realizada uma nova despolarização de estímulo de memória, que foi auxiliada pelas ciganas que dão apoio ao grupo quando é preciso lidar com esse tipo de repercussão vibratória envolvendo iniciações com rituais de magia negra de cunho sexual.

É importante deixar claro que o atendimento num grupo de Apometria não é milagroso e por si não resolve o transtorno de ninguém. A característica do Grupo Mironga, que trabalha às segundas-feiras à noite na Entidade Espírita Assistencial Casa do Jardim e do qual extraímos os relatos de casos para compartilhar com os leitores neste livreto, é de um a dois atendimentos por sessão, no máximo. O consulente deve procurar a cura permanente pela reforma íntima, mudança moral, evangelização, dentro da religião e religiosidade que cada um adota, pois a nossa característica é o universalismo e entendemos que muitas estradas levam à morada do Pai.

O que a espiritualidade realiza por intermédio do grupo de Apometria e Umbanda – que não é indispensável, visto que os espíritos guias têm outros recursos para a cura, como, por exemplo, atuarem com os médiuns desdobrados durante o sono físico sem ao menos termos consciência disso – é dar um auxílio para que cada individualidade obtenha uma "pausa" em seus sofrimentos e consiga, por seu mérito pessoal, persistir na sua caminhada evolutiva. Quando ocorrem as curas definitivas é unicamente por merecimento individual e por atuação do plano espiritual, do qual nos colocamos como meros instrumentos. É nossa responsabilidade mantermos a humildade e a convicção de que sem a cobertura espiritual superior as enormes possibilidades propiciadas pela Umbanda e pela técnica apométrica se tornariam a mais nefasta magia negra.

Isso tem o agravante de sermos sabedores – como somos – dos nossos pesados desmandos em vidas passadas na manipulação das energias cósmicas no campo da magia, o que deve nos levar a manter a vigilância redobrada e cortarmos na raiz quaisquer sinais de vaidade e onipotência. Estamos convictos de que bastam os pensamentos inferiores e a ausência de amor para nos tornarmos terríveis "magos negros apômetras" e instrumentos mediúnicos das sombras. Nada mais ocorre do que estarmos resgatando tudo de mal que fizemos em outras existências pela dádiva da mediunidade redentora, que quando exercida no modelo universal do Cristo é motivo de felicidade e equilíbrio existencial para os medianeiros.

Parte 3
Demais relatos de casos

Relato de caso 3
(17/11/2003)

Consulente: ZHC
45 anos
Sexo feminino
Casada
Católica

História clínica

Apresenta enxaqueca cronificada desde os 26 anos. Muita insônia, dor nas costas, irritabilidade. É comum escutar vozes e ter premonição. Tem facilidade de visão astral, um tipo de psicometria que "enxerga" ocorrências do futuro. Na anamnese inicial, constatou-se uma relação causal com um fato ocorrido à época em que iniciaram as dores de cabeça: teve um pesadelo com sua mãe, desencarnada desde que tinha seis anos – viu-a sob seus pés na cama, em estado lastimável e de extremo sofrimento, apertando seus dedos, numa paisagem de cemitério, como se estivesse à frente da tumba mortuária.

Diagnóstico

Após o desdobramento dos corpos da consulente, um dos médiuns sintonizou com uma encarnação passada sua, em que era uma grã-mestra em espécie de loja ou fraternidade negra da Europa medieval. Realizavam sessões mediúnicas dirigidas por ela que tinham a finalidade evocativa de trazer desencarnados ricos para as manifestações sonambúlicas em médium inconsciente. Isso feito, interrogavam o "morto" para saber onde havia joias e riquezas escondidas ou enterradas. Pesquisavam os registros de óbito, onde obtinham os dados dos falecidos milionários para as sessões de magia negra.

Atendimento, técnicas e procedimentos

A consulente apresentava um quadro ideoplástico recorrente, em que se "enxergava" como rica feiticeira. Tendo ressonância vibratória com o passado, foi realizada despolarização do estímulo de memória. No momento da catarse do sensitivo que liberava a atendida do transtorno anímico e o dirigente procedia aos comandos de pulsos magnéticos sobre o crânio dela para desfazer o estímulo neuronal da rede sináptica, um dos Pretos Velhos que assiste o grupo se manifestou, pediu um pedaço de papel e desenhou o pórtico de entrada de um cemitério, mostrando à consulente e perguntando se ela sabia o que era aquele desenho. A consulente relatou que após o desencarne da mãe, quando tinha seis anos, rabiscava compulsivamente aquele desenho, até quase a sua adolescência, se vendo em sonho à frente do portal da morada dos mortos.

Orientação

Educação mediúnica e evangelização. Encaminhada para escola de médiuns. Oportunamente ficamos sabendo que a dor de cabeça crônica tinha desaparecido.

Conclusão e histórico espiritual

Transtorno anímico auto-obsessivo, síndrome de ressonância vibratória com o passado e mediunidade deseducada ou reprimida. Tendo sido líder no campo da alta magia negra usada para enriquecimento pessoal, recaía por automatismo inconsciente em conduta mental que se confundia com o passado: não sendo rica nesta encarnação, tendo perdido a mãe muito nova e trabalhando no comércio, ao mesmo tempo contraiu matrimônio com homem de poucas posses, por volta de 26 anos – a mesma idade no passado remoto em que iniciou os rituais invocativos dos mortos para descobrir riquezas deixadas e esquecidas na Terra. Sobrevinha estímulo neuronal na rede sináptica, que se polarizava ao natural e sincronicamente com o fato gerador pregresso, abrindo exageradamente o chacra frontal – daí a enxaqueca, as visões e audições. Não se detectaram espíritos sofredores ou obsessores externos no campo vibratório da nossa irmã, o que confirma que nós mesmos somos com frequência os nossos algozes. Espíritos que somos, continuamente mudamos de envoltório, o que não significa sublimar a essência que nos move na vida atemporal.

Relato de caso 4
(24/11/2003)

Consulente: FTK
50 anos
Sexo feminino
Divorciada
Espírita

História clínica

Conforme nos comunica, já teve atendimento apométrico anterior em outro agrupamento, ocasião em que se afastou um bolsão de espíritos sofredores e se retirou aparelho parasita que estava implantado no seu útero, provocando uma menstruação ininterrupta. Tendo melhorado dos sintomas iniciais que a trouxeram ao primeiro atendimento, retorna com "novas" queixas: não consegue ler, pouca concentração, muito cansaço, sem energia e sensação de fraqueza, medo de sofrer, sem vida afetiva com o sexo oposto há mais de 10 anos. Tem asma e bronquite desde que nasceu, apresentando broncoespasmo e perda da voz em situações de pressão. Não consegue exercer satisfatoriamente suas atividades profissionais de advogada, não dando conta dos processos que precisa analisar. Ainda apresenta pânico com a possibilidade de os filhos serem violentamente assaltados.

Diagnóstico

Desdobrados os corpos pela contagem pausada, dois sensitivos do grupo, concomitantemente, exteriorizam a mesma catarse, ambas relacionadas com ocorrência de uma vida passada da consulente: foi uma freira importante na época áurea da Inquisição, em que assessorava importante cardeal inquisidor, dando o parecer nos processos do "Santo" Ofício. Eram tantos os réus que não conseguia dar conta dos pareceres, negligenciando essa parte, o que a levou a estabelecer enunciados culposos, indevidamente e sem escrúpulos, contra muitas mulheres, principalmente as casadas com filhos, pois tinha muito ciúme e ódio das mulheres profanas pelo fato de serem mães e ela, uma dedicada religiosa, não poder conceber um filho, assim como Maria a Jesus. Tendo vários amantes no clero, praticou incontáveis abortos.

Atendimento, técnicas e procedimentos

Tendo que atuar como advogada criminalista, recaía em condicionamento do passado, como se fosse a freira negligente de outrora. Como a justiça é lenta e tem enorme quantidade de processos, não conseguia analisá-los, ocasiões em que perdia a concentração mental. Estava envolta numa forma de pensamento densa, sentada numa mesa medieval dentro de uma barraca de lona – a Inquisição armava circos com arquibancadas para os "julgamentos" sumários. Apresentava dificuldade de lidar com pressão e horários incertos de trabalho. Atavicamente, isso está ligado à situação em que tinha os horários rígidos da casta religiosa. Inconscientemente, tendo sido freira abortadora, na atualidade tem pânico diante do repetitivo pensamento de perder violentamente os filhos e terror a qualquer compromisso mais sério com o sexo oposto.

Orientação

Já sendo médium espírita há mais de 15 anos, foi-lhe recomendado trabalhar com crianças e jovens na evangelização. Por ora, foi pedido que evitasse os trabalhos de recepção de espíritos sofredores na mesa mediúnica, pela falta de autoconhecimento que apresenta e as instabilidades emocionais. Orientou-se para que procure um psicólogo, de preferência reencarnacionista, para auxiliá-la na compreensão das suas tensões e inseguranças pessoais. Ainda, foi solicitada que entre em um grupo de reciclagem mediúnica no seu centro espírita, pois apresenta dificuldade de se desligar das manifestações em que dá passividade nas tarefas do pronto-socorro espiritual.

Conclusão e histórico espiritual

Outro caso de transtorno anímico auto-obsessivo com síndrome de ressonância vibratória com o passado e pensamentos parasitas recorrentes. Não há mediunidade deseducada ou reprimida, mas, sim, despreparo para lidar com as emoções e os sentimentos em situação de pressão, como as que ocorrem na sua profissão e na vida cotidiana de todos nós. Foi realizada despolarização do estímulo de memória captado em sincronia pelos dois médiuns. Como se tratou de segundo atendimento em curto espaço de tempo, não se verificou sintonia com espíritos desencarnados em sofrimento ou com intenção de assédio. Reforçamos que a cura permanente é sustentada pela mudança interior embasada na conduta evangélica, que suaviza os automatismos da alma devedora na busca da sua redenção espiritual.

Relato de caso 5
(1/12/2003)

Consulente: GGH
45 anos
Sexo masculino
Casado
Espírita

História clínica

O consulente, morador de Niterói, estado do Rio de Janeiro, veio para Porto Alegre por causa do aniversário da mãe. Estando separado, continua morando com a ex-esposa, carioca, com quem tem três filhos. A sogra, muito contrariada com sua permanência "intrusa", mora no andar de baixo da casa de dois andares em que todos residem. Mais ou menos em torno de 40 dias atrás, logo após a sua chegada ao Rio Grande do Sul, começou a escutar uma voz que lhe dá ordens, e ao mesmo tempo iniciaram as alucinações visuais. Teve um surto psicótico, ficando muito violento, o que obrigou seus familiares gaúchos a internarem-no no Hospital Espírita da capital.

Foi diagnosticado como bipolar, com deficiência de lítio nos receptores neuroquímicos do sistema nervoso. Está tomando os medicamentos correspondentes para ativação do metabolismo cerebral indicado para as confusões mentais, fadiga e perturbações cerebrovasculares decorrentes dessa patologia, ocasionada, a nosso ver, por grave disfunção psíquico-espiritual.

Acabou fugindo da área de internação hospitalar e ficou vagueando sem rumo por mais de sete dias, caminhando noite e dia. Foi encontrado em Caxias do Sul. Chegou ao nosso grupo por indicação de um centro espírita que a família frequenta. Mostrou-se de olhar esgazeado, muito nervoso, agitado. Mesmo nessa situação de sofrimento, não demonstrou apatia ou humildade, dando claros sinais de arrogância. Inflexível em suas opiniões, já teve dois enfartos. Estando acompanhado da mãe, despertou-nos a atenção, embora tenha 45 anos, o fato de ser tratado pela progenitora como um adolescente.

Diagnóstico

Assim que o dirigente iniciou as contagens de pulsos para desdobrar GGH, imediatamente começaram manifestações nos médiuns. Apresentou-se uma entidade dizendo que queria se deitar, sentindo-se fraca; doamos energia, e foi levada a um jardim verde, sendo encaminhada aos socorristas do astral. Ao "lado" do consulente, foi detectado um hipnotizador desencarnado que repetia, insistentemente, com a mão dentro do seu crânio, a frase "a força de satanás" – um tipo de bombardeamento mental, pois o atendido foi magnetizador circense em vidas passadas, de grande poder mental. Havia um microchip no seu hipocampo, precisamente na face inferior do lobo temporal, que mais parecia uma aranha mecânica. Ao mesmo tempo, muitos espíritos esfarrapados "pisoteavam" o consulente em cena de batalha campestre, sendo que uma das entidades pisava em uma mina que explodia, como se fosse um filme que voltava atrás e mostrava novamente a cena, numa repetição enlouquecedora. O aparelho parasita foi retirado, e os espíritos sofredores da cena ideoplástica foram todos socorridos.

Para nossa surpresa, uma das entidades – Exus – que dá apoio ao grupo, se manifestou e disse que sua sogra no Rio de Janeiro fez trabalho de magia negra num terreiro, muito bem pago. Foi utilizado no desmancho do despacho, que vibrava no espaço etéreo circunscrito aproximadamente a um metro em volta do atendido, somente o fogo etéreo, que teve como condensador energético um campo de força triangular plasmado com uma chama ao centro. Ao mesmo tempo, os Pretos Velhos recolheram em rede magnética todos os obsessores de aluguel que tinham sido contratados e os encaminharam para os devidos locais do plano astral.

Atendimento, técnicas e procedimentos

O consulente tendo sido importante magnetizador circense na Idade Média, muito bajulado e poderoso, se vê no momento presente desempregado e dependente financeiramente da ex-esposa. Sua sogra, adversária de antigamente, concorrente em angariar curiosos na fenomenologia do magnetismo, popular na Europa de antanho, vinga-se, querendo vê-lo pelas costas, contratando terrível organização do astral inferior para destruir o genro, para que ele enlouqueça e não volte mais para o Rio de Janeiro. Foi realizada despolarização dos estímulos de memória referentes à ressonância com o passado entre ambos, genro e sogra. Quando se estava realizando esse procedimento operacional da Apometria, um dos médiuns espontaneamente sintonizou com a sogra, que foi trazida desdobrada pelos mentores do grupo. Após breve conversação fraterna explicando o equívoco em que estava incorrendo, o dirigente igualmente despolarizou a ressonância com o passado por meio dos pulsos magnéticos sobre o crânio do sensitivo que estava exteriorizando essa irmã encarnada, que se encontrava acoplada em corpo astral ao corpo etéreo do medianeiro.

Orientação

Foi orientado ao consulente continuar com o apoio psicológico médico e não interromper o tratamento espiritual no centro espírita que estava frequentando em busca da sua evangelização. Pediu-se que repensasse sua vida e até que ponto sua "separação" da atual esposa não era influenciada por uma competição entre ambos, para ver quem tinha mais poder. Tendo uma mãe autoritária e protetora, será que isso não interferia no seu relacionamento pessoal no âmbito familiar?

Conclusão e histórico espiritual

O atendido tendo fortes laços que o ligam com o magnetismo fenomênico, de baixa vibração, se viu num momento existencial com muitas dúvidas na vida presente, em se tratando de relacionamento familiar, com filhos que amava e esposa de difícil trato, ao menos na sua opinião. A sogra, recaindo em condicionamento do passado, em que foram ferrenhos inimigos enquanto tinham sido empresários circenses concorrentes, pagou um trabalho de magia negra para se ver livre do estorvo do genro. Efetivamente a "encomenda" encontrou o destinatário, a ponto de quase enlouquecê-lo em definitivo. A brecha vibratória com o passado foi aproveitada pelo mago contratado, que numa fria psicologia das sombras, explorou a ressonância entre ambos ligada com o trauma pregresso, potencializando-a com a implantação de aparelho parasita em localidade específica da maquinaria cerebral. Rapidamente, o consulente viu-se com sua mente destrambelhada, tanto que teve que ser internado.

Após quinze dias do atendimento, tivemos notícia de que GGH tinha melhorado significativamente e continuava o apoio espiritual assistindo palestras no centro espírita de sua simpatia. Avaliava seriamente a possibilidade de reconciliação com a esposa, que tudo indicava era iminente, e pensava em sugerir a ela fazerem psicoterapia de casal.

Referências

AZEVEDO José Lacerda de. *Matéria-espírito – novos horizontes para a medicina*. 7. ed. Porto Alegre: Casa do Jardim, 2002.

BESANT, Annie. *O homem e seus corpos*. São Paulo: Pensamento, 1978.

DAIBERT, Lidsley. *O cérebro holográfico*. Disponível em: https://www.eba.ufmg.br/hololab/reflexoes_01.html. Acesso em: 28 jun. 2019.

JINARAJADASA, Curuppumullage. *Fundamentos de teosofia*. São Paulo: Pensamento, [s.d.].

LEADBEATER, Charles Webster. *O plano astral*. São Paulo: Editora Pensamento, 1998.

_____. *A gnose cristã*. Brasília, DF: Editora Teosófica, 1983.

POWELL, Arthur. *O corpo causal e o ego*. São Paulo: Pensamento, [s.d.].

_____. *O corpo mental*. São Paulo: Pensamento, 1985.

RAMATÍS (Espírito). *Fisiologia da alma*. Psicografado por Hercílio Maes. 15. ed. Limeira, SP: Conhecimento, 2006.

_____. *O evangelho à luz do cosmo*. Psicografado por Hercílio Maes. Limeira, SP: Conhecimento, 2003.

Leia também

Um clássico da literatura de Umbanda está de volta!

A 2ª edição do livro "UMBANDA PÉ NO CHÃO: ESTUDOS DE UMBANDA", ampliada e revisada, nos chega com mais clareza e profundidade.

Novos temas são abordados, como a descrição das pedras - cristais - por Orixás, utilizadas nos assentamentos vibratórios, altares, tronqueiras como dinamizadoras energéticas nos trabalhos de cura; a estrutura astral do movimento umbandista, as formas de apresentação dos espíritos, as linhas de trabalho, as firmezas, o cruzeiro das almas, a música sacra de terreiro, os preceitos, as consagrações.

WWW.LEGIAOPUBLICACOES.COM.BR